同級生が選んだ

朝の読書のおすすめガイド

青い鳥文庫ファンクラブ／編

講談社 青い鳥文庫

はじめに

みなさんは、読書《どくしょ》が好《す》きですか？

「大好《だいす》き！」という人《ひと》もいるでしょうし、「うーん、あんまり興味《きょうみ》ないな。」とつぶやく人《ひと》もいるでしょう。

本《ほん》をあまり好《す》きじゃない人《ひと》だけではなく、本《ほん》を好《す》きな人《ひと》にとっても、どんな本《ほん》を選《えら》べばいいのかはかなり悩《なや》むことですよね。それは、本《ほん》にもいろいろな個性《こせい》があるからです。どこか惹《ひ》かれ合《あ》うものがないと友《とも》だちになれないように、本《ほん》も、相性《あいしょう》が合《あ》うかどうかが大事《だいじ》です。

大人《おとな》がみなさんに薦《すす》める本《ほん》って、なんだかマジメで、勉強《べんきょう》につながっているようで、（それはそれで悪《わる》いことではないのですが）ちょっと窮屈《きゅうくつ》かもしれません。そこで、友《とも》だちの友《とも》だちとはすぐなかよくなれるように、本《ほん》も、みなさんと同《おな》じ世代《せだい》の人《ひと》に紹介《しょうかい》されると、気《き》に入《い》るものが多《おお》いのではないか、と私《わたし》たちは考《かんが》え、〈青《あお》い鳥文庫《とりぶんこ》ファンクラブ〉のみなさんにアンケートをお願《ねが》いしました（なにしろ、ファンクラブに入《はい》るくらいだから、とても読書好《どくしょず》きな人《ひと》がそろっているのです）。

〈青《あお》い鳥文庫《とりぶんこ》ファンクラブ〉ですから、おすすめの本《ほん》は、青《あお》い鳥文庫《とりぶんこ》の作品《さくひん》が多《おお》いのですが、そのほかの作品《さくひん》も、とてもバラエティーに富《と》んでいました。「これなら本選《ほんえら》びに悩《なや》んでいる多《おお》くの人《ひと》たちの役《やく》に立《た》つ！」と思《おも》い、私《わたし》たちは今回《こんかい》、このように青《あお》い鳥文庫《とりぶんこ》の一冊《さつ》として、朝《あさ》の読書《どくしょ》のためのガイドブックにまとめることにしました。

紹介《しょうかい》してくれるのは、小学校《しょうがっこう》1年生《ねんせい》から、20歳《はたち》までの、みなさんとほぼ同世代《どうせだい》の人《ひと》です。大人《おとな》じゃなく、「現役《げんえき》の子《こ》ども」が、「今《いま》、とってもおもしろいよ。」といっている本《ほん》が１４４冊《さつ》あります。どの一冊《さつ》も、みなさんに、きっと本《ほん》を読《よ》むことの喜《よろこ》びを伝《つた》えてくれるはずです。もちろん、「僕《ぼく》と同《おな》じ学年《がくねん》の人《ひと》は、どんな本《ほん》を楽《たの》しいと思《おも》っているんだろう？」「私《わたし》より年上《としうえ》の人《ひと》は、どういう傾向《けいこう》の読書《どくしょ》をしているんだろう？」といった興味《きょうみ》も満足《まんぞく》させられることでしょう。

さあ、準備《じゅんび》は整《ととの》いました。自分《じぶん》で気《き》に入《い》った一冊《さつ》を、学級文庫《がっきゅうぶんこ》や学校《がっこう》の図書館《としょかん》、書店《しょてん》で見《み》つけて手《て》にとってみてください。きっと、読書《どくしょ》の楽《たの》しさを実感《じっかん》してもらえると思《おも》います。そうして、みなさんも次《つぎ》は、自分《じぶん》で見《み》つけたとっておきのおもしろい本《ほん》を、他《ほか》の人《ひと》に紹介《しょうかい》してあげてくださいね。

それでは、本《ほん》とすてきな旅《たび》をおすごしください！

２００４年《ねん》３月《がつ》

「講談社《こうだんしゃ》　青《あお》い鳥文庫《とりぶんこ》」編集部《へんしゅうぶ》

もくじ

◇小4までがすすめる9編……8
モモちゃんとアカネちゃん……9
トム＝ソーヤーの冒険……10
踊る夜光怪人……11
空中都市００８……12
そして五人がいなくなる……13
にげ道まよい道おれの道……14
パスワード「謎」ブック……15
パスワードとホームズ4世……16
カミングホーム……17
作家からみなさんへ①倉橋燿子……18
◇小5がすすめる22編……20
青い天使3……21
怪盗クイーンの優雅な休暇……22
キッドナップ・ツアー……23
ギヤマン壺の謎……24
クレヨン王国12妖怪の結婚式……25
ミュージカルスパイス……26
十二国記 東の海神 西の滄海……27
スターガール……28
セーラー服と機関銃……29
だから、あなたも生きぬいて……30
ダレン・シャンV—バンパイアの試練—……31
時を超えるＳＯＳ……32
徳利長屋の怪……33
バイバイ スクール……34
パスワードは、ひ・み・つ……35
ホーリースクール……36
ぼくのつくった魔法のくすり……37
ぼくらは月夜に鬼と舞う……38
魔法があるなら……39
モモ……40
夢のズッコケ修学旅行……41
若おかみは小学生！……42
作家からみなさんへ②令丈ヒロ子……43
◇小6がすすめる36編……46
いちご……47
ウォーターボーイズ……48
宇宙人のしゅくだい……49
ａｉｒ（エア）……50
お局さまは名探偵！……51
オリエント急行殺人事件……52
オレンジ・シティに風ななつ……53
鏡の国のアリス……54
消える総生島……55
霧のむこうのふしぎな町……56
クリスマス キャロル……57
クレヨン王国デパート特別食堂……58
ご隠居さまは名探偵！……59
消えた赤ちゃん救出大作戦！……60
少年Ｈ……61
そして五人がいなくなる……62
空から降ってきた猫のソラ……63

地下室からのふしぎな旅……64
杜子春・トロッコ・魔術……65
ともだちは海のにおい……66
二十四の瞳……67
人形は笑わない……68
ねらわれた学園……69
パスワードのおくりもの……70
パスワード幽霊ツアー……71
ひとつの装置……72
おーい　でてこーい……73
亡霊は夜歩く……74
ぼくたちの家出……75
名探偵ホームズ　三年後の生還……76
盲導犬クイールの一生……77
約束……78
床下の小人たち……79
若草物語……80
吾輩は猫である……81
ねらわれた街……82

作家からみなさんへ③あさのあつこ……83

◇中1がすすめる30編……86

あやかし修学旅行　鵺のなく夜……87
アルバートおじさんのミクロの国の冒険……88
イソップ……89
"It"（それ）と呼ばれた子（幼年期）……90
いつも心に好奇心！……91
うしろの正面だあれ……92
海底2万マイル……93
ガラスのうさぎ……94
クビキリサイクル　青色サヴァンと戯言遣い……95
クレヨン王国いちご村……96
十二番目の天使……97
少年名探偵　虹北恭助の冒険……98
タートル・ストーリー……99
翼をください……100
透明人間……101
友よ……102
西の善き魔女1　セラフィールドの少女……103
パスワード vs.紅カモメ……104
バッテリー……105
ふつうの学校……106
フレディ　世界でいちばんかしこいハムスター……107
HELP!　キレる子どもたちの心の叫び……108
窓ぎわのトットちゃん……109
「ミステリーの館」へ、ようこそ……110
MISSING……111
ラッキーチャーム1……112
ルパン対ホームズ……113
レッドウォール伝説　モスフラワーの森……114
私の中に何かがいる……115
坊っちゃんは名探偵！……116

作家からみなさんへ④楠木誠一郎……117

◇中2がすすめる26編……120

赤毛のアン……121
江戸川乱歩傑作選……122

かくれ家は空の上……123
教室―6年1組がこわれた日―……124
クレヨン王国新十二か月の旅……125
五体不満足……126
十二国記　月の影　影の海……127
新シェーラひめのぼうけん　ふたりの王女……128
ズッコケ三人組のバック・トゥ・ザ・フューチャー……129
チョコレート工場の秘密……130
天使のはしご1……131
ドッグ・シェルター　犬と少年たちの再出航……132
トラベリング・パンツ……133
トラベリング・パンツ　セカンドサマー……134
パスワード春夏秋冬（上）……135
ハッピーバースデー……136
ハッピー・ボーイ……137
秘密が見える目の少女……138
不思議を売る男……139
ふたり……140
ふぶきのあした……141
星の王子さま……142
星のかけら　PART I……143
待てばカイロの盗みあり……144
魔法使いが落ちてきた夏……145
バイバイ　スクール……146
作家からみなさんへ⑤はやみねかおる……147

◇中3がすすめる10編……150

子どものための哲学対話……151
三人めのアリス……152
シスター・プリンセス　Re Pureセレクション……153
十五少年漂流記……154
扉のむこうの物語……155
七つの封印④　黒い月の魔女……156
名探偵ホームズ　緋色の研究……157
レヴィローズの指輪……158
ローワンと魔法の地図……159
パスワード龍伝説……160
作家からみなさんへ⑥松原秀行……161

◇高校以上がすすめる13編……164

いちご同盟……165
大きな森の小さな家……166
怪盗クイーンはサーカスがお好き……167
風の歌を聴け……168
QED　六歌仙の暗号……169
水滸伝……170
パスワード謎旅行……171
地獄堂霊界通信Ⅱ　ワルガキ、最悪の危機……172
ぼくの・稲荷山戦記……173
アイシテル物語……174
だれも知らない小さな国……175
ふしぎをのせたアリエル号……176
クレヨン王国の十二か月……177

さくいん（キーワード別）……181
さくいん（作家五十音順）……185
さくいん（書名五十音順）……189
青い鳥文庫ファンクラブについて……190

※ 本のデータの見方

1．キーワード

作品紹介の上の欄にある「わくわくする本」「たのしくなる本」などの分類は，その本を紹介してくれた方の感想です。感じ方は人それぞれですから，すべての人にあてはまるとはいえませんが，みなさんが本を選ぶときの参考にしてください。

2．定価（本体）

2003 年 12 月時点でのものです。その後，変更される可能性もあります。

3．ＩＳＢＮ

それぞれの本についている番号です。この番号で本を注文すると，間違いがありません。

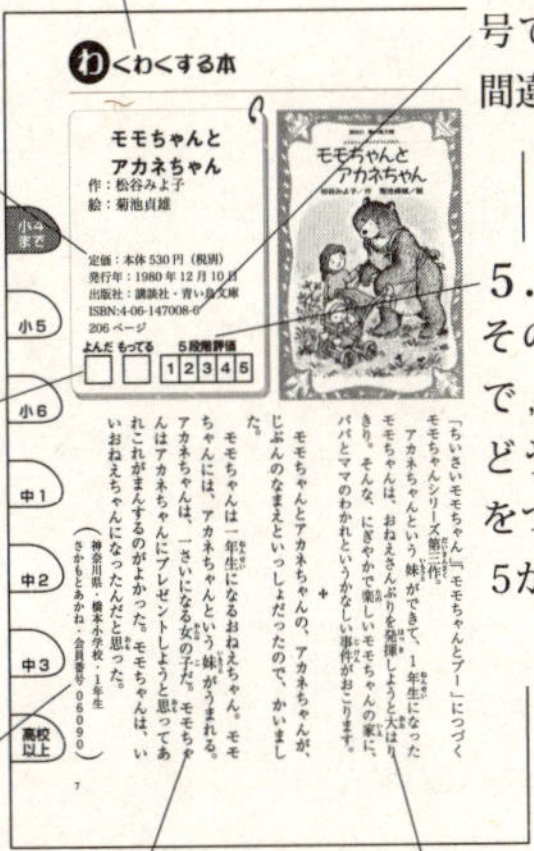
わくわくする本

モモちゃんと
アカネちゃん
作：松谷みよ子
絵：菊池貞雄

定価：本体 530 円（税別）
発行年：1980 年 12 月 10 日
出版社：講談社・青い鳥文庫
ISBN:4-06-147008-6
206 ページ

よんだ　もってる　5段階評価　1 2 3 4 5

小4まで　小5　小6　中1　中2　中3　高校以上

「ちいさいモモちゃん」「モモちゃんとプー」につづくモモちゃんシリーズ第三作。アカネちゃんという妹ができて、1年生になったモモちゃんは、おねえさんぶりを発揮しようと大はりきり。そんな、にぎやかで楽しいモモちゃんの家に、パパとママのわかれというかなしい事件がおこります。

モモちゃんとアカネちゃんの、アカネちゃんが、じぶんのなまえといっしょだったので、かいました。

モモちゃんは一年生になるおねえちゃん。モモちゃんには、アカネちゃんという妹がうまれる。アカネちゃんは、一さいになる女の子だ。モモちゃんはアカネちゃんにプレゼントしようと思ってあれこれがまんするのがよかった。モモちゃんは、いいおねえちゃんになったんだと思った。

（神奈川県・橋本小学校・1年生
さかもとあかね・会員番号 06090）

7

4．よんだ，もってる

その本を読んだことがある，持っている，という場合は，四角に？や○を入れてください。自分だけのリストができます。

5．5 段階評価

その本を読んだあとで，おもしろかったかどうかを，自分で点数をつけてみましょう。5が最高，1が最低です。

6．学校，学年

紹介していただいた方の学校名と学年は，この紹介を書いていただいた，2003 年 8 月時点でのものです。

7．紹介，感想

紹介していただいた方の紹介文，感想文です。

8．あらすじ

作品のあらすじです。

～小4
おすすめの本

モモちゃんとアカネちゃん
トム＝ソーヤーの冒険
踊る夜光怪人
空中都市008
そして五人がいなくなる
にげ道まよい道おれの道
パスワード「謎」ブック
パスワードとホームズ4世
カミングホーム

モモちゃんとアカネちゃん

作：松谷みよ子
絵：菊池貞雄

定価：本体530円（税別）
発行年：1980年12月10日
出版社：講談社・青い鳥文庫
ISBN:4-06-147008-6
206ページ

よんだ もってる 5段階評価
1 2 3 4 5

『ちいさいモモちゃん』『モモちゃんとプー』に続《つづ》くモモちゃんシリーズ第《だい》3作《さく》。
アカネちゃんという妹《いもうと》ができて、1年生《ねんせい》になったモモちゃんは、おねえさんぶりを発揮《はっき》しようと大《おお》はりきり。そんな、にぎやかで楽《たの》しいモモちゃんの家《いえ》に、パパとママのわかれというかなしい事件《じけん》が起《お》こります。

✣

モモちゃんとアカネちゃんの、アカネちゃんが、じぶんのなまえといっしょだったので、かいました。
モモちゃんは1年生《ねんせい》になるおねえちゃん。モモちゃんには、アカネちゃんという妹《いもうと》がうまれる。アカネちゃんは、1さいになる女《おんな》の子《こ》だ。モモちゃんはアカネちゃんにプレゼントしようと思《おも》って、あれこれがまんするのがよかった。モモちゃんは、いいおねえちゃんになったんだと思《おも》った。

（神奈川県・相模原市立橋本小学校・1年生
さかもとあかね・会員番号06090）

トム=ソーヤーの冒険《ぼうけん》

作：マーク=トウェーン
訳：飯島淳秀
絵：金斗鉉
　　篠崎三朗

定価：本体 670 円（税別）
発行年：1989 年 7 月 10 日
出版社：講談社・青い鳥文庫
ISBN:4-06-147269-0
288 ページ

よんだ	もってる	5段階評価				
		1	2	3	4	5

いたずらが大好《だいす》きで、手《て》がつけられないわんぱく、そのくせ、センチでお人《ひと》よし——。そんな少年《しょうねん》トムがミシシッピ川沿岸《がわえんがん》の小《ちい》さな町《まち》を舞台《ぶたい》にひきおこす事件《じけん》の数々《かずかず》！　海賊《かいぞく》ごっこや洞窟《どうくつ》たんけん、本物《ほんもの》の宝《たから》さがしなど大冒険《だいぼうけん》がつぎつぎに……。

アメリカ文学《ぶんがく》の最高傑作《さいこうけっさく》です！

✣

トム=ソーヤーがするぼうけんを、とても気《き》に入《い》りました。

かってに島《しま》へ行《い》ってぼうけんするので、トム=ソーヤーがどうなるか、心配《しんぱい》なんだか、楽《たの》しみなのか、わからなくなります。だから、そのけっかがはやく知《し》りたくて、どんどん文字《もじ》を読《よ》んでしまいます。

（北海道・端野町立端野小学校・3年生
松原瑛孝・会員番号 06741）

踊《おど》る夜《や》光《こう》怪《かい》人《じん》

——名探偵《めいたんてい》夢水《ゆめみず》清志郎《きよしろう》事件《じけん》ノート——

作：はやみねかおる

絵：村田四郎

定価：本体580円（税別）

発行年：1997年7月15日

出版社：講談社・青い鳥文庫

ISBN:4-06-148466-4

278ページ

よんだ　もってる　5段階評価

□　□　1 2 3 4 5

幽霊坂《ゆうれいざか》の下《した》にある桜林公園《おうりんこうえん》に、夜光怪人《やこうかいじん》が出没《しゅつぼつ》するといううわさが広《ひろ》がっていた。そのころ、亜衣《あい》とレーチは、後輩《こうはい》の千秋《ちあき》の依頼《いらい》で、彼女《かのじょ》の父《ちち》（虹斎寺《こうさいじ》のおしょう）の悩《なや》み解決《かいけつ》にのりだす。そして、ふたりはおしょうから謎《なぞ》の暗号《あんごう》を見《み》せられる。そこにはどんな秘密《ひみつ》がかくされているのか？　暗号《あんごう》と夜光怪人《やこうかいじん》につながりはあるのか？　名探偵《めいたんてい》夢水《ゆめみず》清志郎《きよしろう》事件《じけん》ノート第《だい》5作《さく》。

✣

夢水《ゆめみず》清志郎《きよしろう》は自分《じぶん》がつくった暗号《あんごう》に自分《じぶん》がひっかかるなさけない名探偵《めいたんてい》。亜衣《あい》は後輩《こうはい》の千秋《ちあき》に頼《たの》まれ、暗号《あんごう》を見《み》てみたが、謎《なぞ》は解《と》けなかった。そこで、夢水《ゆめみず》にヒントをもらう。「犬《いぬ》も歩《ある》けば棒《ぼう》にあたる。」えー、いったい何《なん》のこと？　金色《きんいろ》に光《ひか》り踊《おど》る夜光怪人《やこうかいじん》の真相《しんそう》は？　「すべて解《と》いてあげるよ。」と言《い》ったのは夢水《ゆめみず》清志郎《きよしろう》だった！　本当《ほんとう》に謎《なぞ》が解《と》けているのか？　あとは読《よ》んでから。

（広島県・安田小学校・4年生
野村綾香・会員番号　06849）

空中都市《くうちゅうとし》008《ゼロゼロエイト》

アオゾラ市《し》のものがたり

作：小松左京
絵：和田　誠

定価：本体 620 円（税別）
発行年：2003 年 6 月 15 日
出版社：講談社・青い鳥文庫
ISBN:4-06-148620-9
278 ページ

よんだ　もってる　５段階評価

よんだ	もってる	1	2	3	4	5

空中都市《くうちゅうとし》００８《ゼロゼロエイト》に引《ひ》っ越《こ》してきた、ホシオくんとツキコちゃん。ここは今《いま》まで住《す》んでいた街《まち》とは、いろんなことがちがうみたい。アンドロイドのメイドさんがいたり、ふしぎなものがいっぱい……。じつはこのお話《はなし》、１９６８年《ねん》に作者《さくしゃ》が想像《そうぞう》した未来社会《みらいしゃかい》、21世紀《せいき》の物語《ものがたり》なのです。さあ、今《いま》と同《おな》じようで少《すこ》しちがう、もうひとつの21世紀《せいき》へ出《で》かけてみましょう！

✣

今《いま》は、21世紀《せいき》です。その21世紀《せいき》を30年《ねん》ぐらい前《まえ》の人《ひと》が書《か》くと「きっとすばらしくなってる。」と思《おも》うけれど、そのかんきょうは作《つく》られていない。

いちばん好《す》きなのは、おばあちゃんとすれちがった旅《たび》。元気《げんき》なおばあちゃんがお気《き》に入《い》りです。

自分《じぶん》でも「お話《はなし》」を作《つく》れる感《かん》じが、私《わたし》に夢《ゆめ》をくれました。今度《こんど》は、私《わたし》が22世紀《せいき》の物語《ものがたり》をえがいてみようと感《かん》じました。

（群馬県・高崎市立塚沢小学校・4年生
藤井ゆうり・会員番号０６４００）

小4まで
小5
小6
中1
中2
中3
高校以上

そして五人《にん》がいなくなる
——名探偵夢水清志郎事件《めいたんていゆめみずきよしろうじけん》ノート——

作：はやみねかおる
絵：村田四郎

定価：本体580円（税別）
発行年：1994年12月15日
出版社：講談社・青い鳥文庫
ISBN:4-06-147392-1
276ページ

よんだ　もってる　5段階評価
□　□　1 2 3 4 5

夢水清志郎《ゆめみずきよしろう》は名探偵《めいたんてい》。表札《ひょうさつ》にも名刺《めいし》にも、ちゃんとそう書《か》いてある。だけど、ものわすれの名人《めいじん》で、自分《じぶん》がごはんを食《た》べたかどうかさえわすれちゃう。おまけに、ものぐさでマイペース。こんな名《めい》（迷《めい》）探偵《たんてい》が、つぎつぎに子《こ》どもを消《け》してしまう怪人《かいじん》「伯爵《はくしゃく》」事件《じけん》に挑戦《ちょうせん》すれば、たちまち謎《なぞ》は解決《かいけつ》……するわけない。笑《わら》いがいっぱいの謎解《なぞと》きミステリー。

✣

最初《さいしょ》はこわいかもって思《おも》ったけど、読《よ》んでみたら、いままで読《よ》んだこともない世界《せかい》でした。私《わたし》がミステリーのとりこになったきっかけです。夢水清志郎《ゆめみずきよしろう》もすっごいいいキャラです。ものわすれの名人《めいじん》ってところがすっごい笑《わら》えます。でもなぞときするときは、すっごくどきどきしてびっくりします。それと絵《え》がとってもすてきで、先《さき》のページも見《み》てしまいたくなります。

（千葉県・千葉市立花園小学校・4年生
泉水咲穂・会員番号06606）

にげ道《みち》まよい道《みち》
おれの道《みち》

作：今井福子
絵：ふりやかよこ

定価：本体 1300 円（税別）
発行年：2002 年 4 月 15 日
出版社：文研出版
ISBN:4-580-81295-6
176 ページ

よんだ	もってる	5段階評価
□	□	1 2 3 4 5

おれ、小暮健《こぐれけん》。あだ名《な》はグレケン。
勉強《べんきょう》ぎらいのおれが、母《かあ》ちゃんたちにのせられて、
中学受験《ちゅうがくじゅけん》のレールの上《うえ》を走《はし》りだしてしまった。
勉強《べんきょう》する気《き》もなく、現実《げんじつ》からにげてばかりいるおれ。
おれは、なにがやりたいんだろう？
おれは、なにになりたいんだろう？
このまま、にげ続《つづ》けてばかりいて、いいんだろうか？

✣

ケンは受験《じゅけん》をするっていってしまって、好《す》きなバスケットをやめた。でも、勉強《べんきょう》もやりたくないといい、なにもかも中途《ちゅうと》はんぱにしていた。けれど大好《だいす》きなおじいちゃんが死《し》んでしまって、ケンは、なにもかも中途《ちゅうと》はんぱだったことに気《き》がついた。それからケンは、テツ兄《にい》ちゃんと力《ちから》を合《あ》わせてがんばった。この物語《ものがたり》を読《よ》むと、すごい泣《な》けます。みなさんもぜひ読《よ》んでみてください。

（大阪府・大阪市立豊里小学校・４年生
松谷和奈・会員番号 ０５５７４）

小4まで
小5
小6
中1
中2
中3
高校以上

パスワード「謎《パズル》」ブック
——パソコン通信探偵団事件《つうしんたんていだんじけん》ノート 番外編《ばんがいへん》——

作：松原秀行
絵：梶山直美

定価：本体 670 円（税別）
発行年：1998 年 12 月 15 日
出版社：講談社・青い鳥文庫
ISBN:4-06-148498-2
318 ページ

よんだ　もってる　５段階評価
□　□　1 2 3 4 5

マコトら電子《でんし》探偵団《たんていだん》は、「恐竜大陸《きょうりゅうたいりく》」「不思議遊園地《ふしぎゆうえんち》」など6つの時空間《じくうかん》を時間旅行《タイムトリップ》することに……。そのたびに現《あらわ》れる謎《なぞ》の人物《じんぶつ》M《エム》。こいつが怪《あや》しい。シリーズ6冊《さつ》に登場《とうじょう》した“懐《なつ》かしい人物《じんぶつ》”にも出会《であ》え、マコトらを悩《なや》ます謎解《なぞと》きも75問《もん》!!「パスワード」を20倍楽《ばいたの》しめるシリーズ番外編《ばんがいへん》。意外《いがい》な結末《けつまつ》とボリュームUP《アップ》の320ページだっ!! 天下《てんか》の「金版《ゴールドヴァージョン》」に文句《もんく》はいわせない。

✣

6つの時空間《じくうかん》をタイムトリップすることになった電子探偵団《でんしたんていだん》。謎《なぞ》ときが75問《もん》。パズルが好《す》きな人《ひと》はぜったいに見《み》のがせない！ アメリカのパズル王《おう》の問題《もんだい》も！ 知《し》ってる人《ひと》がいるかも。

この本《ほん》で好《す》きなのは、謎《なぞ》ときを楽《たの》しむ人《ひと》も、物《もの》語《がたり》を楽《たの》しむ人《ひと》も両方《りょうほう》いっしょに読《よ》めるところ。

今《いま》まで以上《いじょう》に、謎《なぞ》ときがおもしろいよ。ぜひ、読《よ》んでねッ！

（東京都・江戸川区立鎌田小学校・４年生
吉見まどか・会員番号 ０５８４１）

小４まで
小５
小６
中１
中２
中３
高校以上

パスワードとホームズ4世《せい》

―パソコン通信《つうしん》探偵団《たんていだん》事件《じけん》ノート5―

作：松原秀行

絵：梶山直美

定価：本体 580 円（税別）

発行年：1998 年 6 月 15 日

出版社：講談社・青い鳥文庫

ISBN:4-06-148486-9

242 ページ

よんだ	もってる	5段階評価				
		1	2	3	4	5

推理力《すいりりょく》バツグンの「灰色《はいいろ》の目《め》の少年《しょうねん》」にタジタジのマコトら電子探偵団《でんしたんていだん》がTV《テレビ》のクイズ番組《ばんぐみ》に出場《しゅつじょう》することになった。そして、TV局内《テレビきょくない》で世界的魔術師《せかいてきマジシャン》や、栗毛《くりげ》と銀髪《ぎんぱつ》の2人組《ふたりぐみ》にふりまわされる電子探偵団《でんしたんていだん》。マジックで消《き》えたまどかが、もどってこない!? 今《いま》まで以上《いじょう》にたくさんのパズルと、大《おお》じかけの謎解《なぞと》きでお贈《おく》りするシリーズ第《だい》5弾《だん》は友《とも》だちへのおすすめ本《ぼん》だ!!

✣

アイザックvs.マコトのたたかい（?）と、まどか消失事件《しょうしつじけん》の謎《なぞ》ときが、みりょくです。私《わたし》は推理力《すいりりょく》がないので、このシリーズの謎《なぞ》ときには、いつもびっくりさせられます。今回《こんかい》の謎《なぞ》ときにはいきおいがあって、とくに気《き》に入《い》っています。

この本《ほん》を読《よ》んだ人《ひと》には、『続《ぞく》・パスワードとホームズ4世《せい》』もあるので、ぜひ読《よ》んでもらいたいし、他《ほか》のパスワードシリーズも読《よ》んでほしいです。

（北海道・札幌市立新琴似小学校・4年生
BOOK・会員番号05852）

カミングホーム

わたしのおうち

作：倉橋燿子
絵：いなだ詩穂

定価：本体 580 円（税別）
発行年：2001 年 6 月 15 日
出版社：講談社・青い鳥文庫
ISBN:4-06-148561-X
252 ページ

よんだ	もってる	5段階評価
□	□	1 2 3 4 5

花村家《はなむらけ》は5人家族《にんかぞく》。開業医《かいぎょうい》であるお父《とう》さんと4人《にん》の子《こ》どもたちは、だれも血《ち》がつながっていない。でも、みんな「おうちが大好《だいす》き」。ところが最近《さいきん》、末《すえ》の弟《おとうと》でしっかり者《もの》の令《れい》のようすが変《へん》。続《つづ》いて家《いえ》の中《なか》で起《お》こる不可解《ふかかい》な事件《じけん》。姉《あね》3人《にん》は調査隊《ちょうさたい》を結成《けっせい》、弟《おとうと》のために立《た》ちあがるが……。

コメディー&《アンド》ミステリータッチの物語《ものがたり》をとおして「家族《かぞく》って何《なに》？」という問《と》いが心《こころ》にじーんと響《ひび》きます。

✣

この本《ほん》に出《で》てくる家族《かぞく》の子《こ》どもたちは、一人《ひとり》も、お父《とう》さんとお母《かあ》さんと血《ち》がつながっていません。けれど、家族《かぞく》のきずなは、血《ち》がつながっていなくても深《ふか》いものだと、とてもよくわかりました。

私《わたし》は、この本《ほん》を読《よ》んで改《あらた》めて家族《かぞく》ってなんだろうと考《かんが》えました。家族《かぞく》があるからこそ、安心《あんしん》して生《い》きていけるのだと思《おも》いました。

（神奈川県・横浜市立市ヶ尾小学校・4年生
椿美咲・会員番号 05848）

読者のみなさまへ
YOUKO KURAHASHI

本《ほん》という魔《ま》法《ほう》の翼《つばさ》

倉《くら》橋《はし》燿《よう》子《こ》

小《ちい》さい頃《ころ》から、私《わたし》には空《くう》想《そう》癖《へき》があり、気《き》がつくと、心《こころ》は空《くう》想《そう》の世《せ》界《かい》に飛《と》んでいました。授《じゅ》業《ぎょう》中《ちゅう》、バスの中《なか》、お風《ふ》呂《ろ》の中《なか》、というふうに。そんなときは、私《わたし》があんまりぼんやりしているので、先《せん》生《せい》や親《おや》から怒《おこ》られたことも一《いち》度《ど》や二《に》度《ど》ではありません。

私《わたし》に空《くう》想《そう》させるきっかけを作《つく》ってくれたのは、いつも本《ほん》でした。

たとえば『あしながおじさん』を読《よ》んだときは、私《わたし》にもどこかに親《しん》切《せつ》なおじさんがいて、私《わたし》が知《し》らないところで見《み》守《まも》ってくれているのかもしれないと、そのおじさんの姿《すがた》や顔《かお》だちまで想《そう》像《ぞう》して、どきどきしていました。

『赤《あか》毛《げ》のアン』にいたっては、すっかり自《じ》分《ぶん》がアンになりきっていて、舞《ぶ》台《たい》となったカナダのプリンスエドワード島《とう》を、親《しん》友《ゆう》のダイアナとともに楽《たの》しそうに走《はし》りまわっているのです。

『十五少《しょう》年《ねん》漂《ひょう》流《りゅう》記《き》』『ふしぎの国《くに》のアリス』には、本《ほん》当《とう》にわくわくしました。本《ほん》を閉《と》じても、私《わたし》はいつまでも物《もの》語《がたり》の中《なか》にいて、これから先《さき》の冒《ぼう》険《けん》について思《おも》いをはせます。ときにはそんな自分《じぶん》の思《おも》いに興奮《こうふん》して、眠《ねむ》れなくなったこともあるほどです。

『幸福《こうふく》の王子《おうじ》』『おおきな木《き》』『フランダースの犬《いぬ》』などは、人《ひと》に多《おお》くのものを与《あた》え続《つづ》けた上《うえ》に、最後《さいご》までむくわれることがないなんて、なんという物語《ものがたり》なんだろうと、理不尽《りふじん》さすら感《かん》じました。それなのに、とても切《せつ》なく、読《よ》み終《お》えると妙《みょう》に温《あたた》かな思《おも》いがつのり、気《き》がつけば涙《なみだ》が出《で》ているのです。もらうことより与《あた》えることのほうが、本当《ほんとう》の喜《よろこ》びなのかもしれないと思《おも》うようになったのも、これらの本《ほん》がきっかけでした。今《いま》でも時折《ときおり》読《よ》み返《かえ》したくなる本《ほん》です。

本《ほん》は私《わたし》に翼《つばさ》をくれました。世界中《せかいじゅう》のどこにでも飛《と》んでいける魔法《まほう》の翼《つばさ》です。学校《がっこう》が好《す》きになれず、友《とも》だち関係《かんけい》も苦手《にがて》な私《わたし》を、本《ほん》はいつでも別《べつ》の世界《せかい》に連《つ》れていってくれました。それらの世界《せかい》でもさまざまな出来事《できごと》が起《お》こります。そして本《ほん》の中《なか》の人物《じんぶつ》たちはそうした試練《しれん》に、まっすぐにぶつかっていきます。時《とき》に悩《なや》み、悲《かな》しみ、それでも希望《きぼう》を持《も》って明《あか》るく乗《の》り越《こ》えていく。

そうした姿《すがた》に触《ふ》れるたびに〝私《わたし》にもできるかもしれない、私《わたし》もやってみたい〟そんな気《き》持《も》ちがこみあげてきます。だから本《ほん》は勇気《ゆうき》という翼《つばさ》もくれたのかもしれません。人間関係《にんげんかんけい》が苦手《にがて》だった私《わたし》が大《おお》きくなるほどに、たくさんの友《とも》だちを得《え》ることができたのは、まさしくそのおかげだと思《おも》っています。

小5
おすすめの本

青い天使3
怪盗クイーンの優雅な休暇
キッドナップ・ツアー
ギヤマン壺の謎
クレヨン王国12妖怪の結婚式
ミュージカル　スパイス
十二国記　東の海神　西の滄海
スターガール
セーラー服と機関銃
だから、あなたも生きぬいて
ダレン・シャンV—バンパイアの試練—
時を超えるSOS
徳利長屋の怪
バイバイ　スクール
パスワードは，ひ・み・つ
ホーリースクール
ぼくのつくった魔法のくすり
ぼくらは月夜に鬼と舞う
魔法があるなら
モモ
夢のズッコケ修学旅行
若おかみは小学生！

青《あお》い天使《てんし》3

作：倉橋燿子
絵：牧野鈴子

定価：本体 580 円（税別）
発行年：1997 年 11 月 15 日
出版社：講談社・青い鳥文庫
ISBN:4-06-148469-9
270 ページ

よんだ　もってる　5段階評価

よんだ	もってる	1	2	3	4	5

ブルーのひとみに茶色《ちゃいろ》の髪《かみ》、白《しろ》い肌《はだ》……。日本人《にほんじん》のママとフランス人《じん》のパパをもつチナは、この春小学《はるしょうがく》5年生《ねんせい》になる。いまはママとふたり暮《ぐ》らしだが、チナの毎日《まいにち》は楽《たの》しさいっぱい。とりわけ、姉妹《しまい》のように育《そだ》った同級生《どうきゅうせい》の京子《きょうこ》といるときはかくべつだ。けれども、そんな楽《たの》しい日々《ひび》も、そう長《なが》くは続《つづ》かなかった。熱《あつ》い涙《なみだ》を流《なが》さずにはいられない、感動《かんどう》の長編《ちょうへん》シリーズ。

✣

　これは、主人公《しゅじんこう》のチナちゃんが、島《しま》での苦《くる》しい日々《ひび》を乗《の》り越《こ》えていくお話《はなし》です。第《だい》3巻《かん》も、学《がっ》校《こう》、家《いえ》と苦《くる》しい中《なか》での生活《せいかつ》のお話《はなし》です。

　チナちゃんのホームルームでの発言《はつげん》の時《とき》に、海《かい》が言《い》った言葉《ことば》がすごく印象的《いんしょうてき》でした。

　今《いま》、人《ひと》をいじめている人《ひと》、いじめられている人《ひと》も、この本《ほん》を読《よ》んでみたら、きっと自分《じぶん》の考《かんが》え方《かた》を考《かんが》え直《なお》せると思《おも》います。

（京都府・宇治市立御蔵山小学校・5年生
大西祥代・会員番号 05853）

怪盗《かいとう》クイーンの優雅《ゆうが》な休暇《バカンス》

作：はやみねかおる
絵：K2 商会

定価：本体 720 円（税別）
発行年：2003 年 4 月 18 日
出版社：講談社・青い鳥文庫
ISBN:4-06-148612-8
462 ページ

よんだ もってる　５段階評価
□ □ 1 2 3 4 5

たまには休暇《バカンス》がほしいと、わがままを言《い》うクイーンに、サッチモ社社長《しゃしゃちょう》サッチモ・ウイルソンから、豪華《ごうか》客船《きゃくせん》ロイヤルサッチモ号《ごう》による、12日間《にちかん》カリブ海《かい》クルージングに招待《しょうたい》したいという申《もう》し出《で》があった。
サッチモは10年前《ねんまえ》の因縁《いんねん》から、クイーンに恨《うら》みを抱《いだ》いている。今回《こんかい》の招待《しょうたい》も、その恨《うら》みを晴《は》らすチャンスをねらってのこと。それは百《ひゃく》も承知《しょうち》で、クイーンは招待《しょうたい》を受《う》けることにした。伯爵夫人《はくしゃくふじん》になりすまして……。

✣

とてもドキドキワクワクします。なんといってもいちばんイイ場面《ばめん》は、初楼《ういろう》のクラサとの戦《たたか》い。クラサが放《はな》った如意珠《にょいしゅ》をカードでよけてしまうクイーン、カッコイイです！ クイーンの力《ちから》はいったいどこまで強《つよ》いの？ って感《かん》じです。「あなたのスピードでは、私《わたし》はたおせない。」なーんて言《い》ってみたいですよね。
（東京都・光塩女子学院小学校・5年生
泉麻里奈・会員番号05941）

キッドナップ・ツアー

作：角田光代

定価：本体 1500 円（税別）
発行年：1998 年 11 月
出版社：理論社
ISBN:4-652-07167-1
214 ページ

よんだ　もってる　5段階評価
□　□　1 2 3 4 5

私《わたし》を見下《みお》ろすお父《とう》さんの背後《はいご》には、車輪《しゃりん》のぴかぴか光《ひか》るいろんなタイプの自転車《じてんしゃ》があった。きっとこの人《ひと》は、私《わたし》がいなかったら、なんの罪悪感《ざいあくかん》もなく鍵《かぎ》のかかっていない自転車《じてんしゃ》を拝借《はいしゃく》しちゃうんだろうな、と私《わたし》は思《おも》った。本当《ほんとう》のことを言《い》うと、私《わたし》はそう思《おも》うことがうれしかった。私《わたし》はお父《とう》さんにユウカイ（＝キッドナップ）された。甲斐性《かいしょう》ない、だらしない、お金《かね》ない、3N《エヌ》（ナイ）父親《ちちおや》と、ハルとの、ひと夏《なつ》のユウカイ旅行《りょこう》。

✣

別居中《べっきょちゅう》のお父《とう》さんにユウカイ（？）された5年生《ねんせい》の女《おんな》の子《こ》、ハルの夏休《なつやす》みの物語《ものがたり》。

ダサいお父《とう》さんに反発《はんぱつ》するハルに、「だよねぇ、よくわかるヨ。」と、私《わたし》もいっしょにうなずいたり……。ふたりの旅《たび》がどうなるのか、最後《さいご》まで目《め》が離《はな》せません。ドキドキのあとにはジーンがいっぱい。高学年《こうがくねん》の女《おんな》の子《こ》におすすめの一冊《さつ》です。

（北海道・札幌市立富丘小学校・5年生　SAYARIN・会員番号06323）

ギヤマン壺《つぼ》の謎《なぞ》
——名探偵夢水清志郎《めいたんていゆめみずきよしろう》事件《じけん》ノート外伝《がいでん》——

作：はやみねかおる
絵：村田四郎

定価：本体 580 円（税別）
発行年：1999 年 7 月 15 日
出版社：講談社・青い鳥文庫
ISBN:4-06-148514-8
266 ページ

よんだ	もってる	5段階評価
		1 2 3 4 5

かっこいいのか悪《わる》いのか、イマイチつかめない夢《ゆめ》水名《みずめい》（迷《めい》）探偵《たんてい》。今回《こんかい》は、なぜか江戸時代《えどじだい》にワープし、名前《なまえ》も夢水清志郎左右衛門《ゆめみずきよしろうざえもん》となって、イギリスに現《あらわ》れ……と思《おも》ったら、つぎは長崎《ながさき》でギヤマンの壺《つぼ》消失事件《しょうしつじけん》にまきこまれる。さらに江戸《えど》へ向《む》かう道中《どうちゅう》や江戸《えど》の町《まち》でも、つぎつぎと謎《なぞ》が待《ま》ちうける。おもしろさ200パーセントの名探偵夢水清志郎事件《めいたんていゆめみずきよしろうじけん》ノート外伝《がいでん》、大江戸編上巻登場《おおえどへんじょうかんとうじょう》！

✣

いきなり大江戸《おおえど》にタイムスリップして、才谷梅《さいたにうめ》太郎《たろう》に出会《であ》った夢水清志郎左右衛門《ゆめみずきよしろうざえもん》が、ギヤマン壺《つぼ》の謎《なぞ》や、大入道事件《おおにゅうどうじけん》などの謎《なぞ》を解決《かいけつ》するのがおもしろかった。

三姉妹《しまい》も江戸風《えどふう》になっていたのには、おどろいた。だから、はやみねかおるさんが書《か》いた本《ほん》は、やめられない。

（宮城県・唐桑町立唐桑小学校・5年生
ゆうさん・会員番号 06700）

小4まで
小5
小6
中1
中2
中3
高校以上

クレヨン王国《おうこく》 12妖怪《ようかい》の結婚式《けっこんしき》

作：福永令三
絵：三木由記子

定価：本体 740 円（税別）
発行年：1996 年 1 月 16 日
出版社：講談社・青い鳥文庫
ISBN:4-06-148430-3
386 ページ

よんだ	もってる	5段階評価
□	□	1 2 3 4 5

クレヨン王国《おうこく》の第《だい》2の虹《にじ》「とんでもない虹《にじ》」の色《いろ》に選《えら》ばれた、美少女《びしょうじょ》マラソンランナーのルカと、10歳《さい》の天才《てんさい》うらない少女《しょうじょ》モニカは〝お日《ひ》さま〟にみとめられて宇宙《うちゅう》へと旅立《たびだ》った。

ふたりの仕事《しごと》は、〝新月《しんげつ》さま〟の酒倉《さかぐら》に巣《す》くう12の妖《よう》怪《かい》の正体《しょうたい》をつきとめることだったが、妖怪《ようかい》たちは、なぜか、人間《にんげん》との結婚《けっこん》を夢《ゆめ》みて地球《ちきゅう》へ。ルカとモニカも、そのあとを追《お》って……。

✣

クレヨン王国《おうこく》の大臣《だいじん》「ルカ」と「モニカ」が、お日《ひ》さまにたのまれ、新月《しんげつ》さまの酒倉《さかぐら》にいる妖怪《ようかい》の正体《しょうたい》をつきとめにいきます。ルカとモニカが、地上《ちじょう》にまでつきとめにいくのが、とても、わくわくします。

私《わたし》は、探偵《たんてい》の本《ほん》が大好《だいす》きなので、正体《しょうたい》の見当《けんとう》をつけながら、読《よ》んでいます。

（埼玉県・八潮市立八幡小学校・5年生
小澤由実・会員番号 06227）

こそあどの森《もり》の物語《ものがたり》⑤

ミュージカル スパイス

作・絵：岡田淳

定価：本体1500円（税別）
発行年：1999年12月
出版社：理論社
ISBN:4-652-00615-2
208ページ

よんだ	もってる	５段階評価				
		1	2	3	4	5

いつも物静《ものしず》かなギーコさんとスミレさんが、おどりうたっている！　いたずらなふたごは大喜《おおよろこ》び。ついに無口《むくち》なスキッパーまでが……。

❖

ミュージカルスパイスを入《い》れたコーヒーを飲《の》むと、みんな歌《うた》っておどりたくなります。無口《むくち》なスキッパーまで歌《うた》ってしまうほどです。

私《わたし》はスキッパーが歌《うた》っているところを読《よ》んで楽《たの》しくなりました。リズムは分《わ》からないけど自分《じぶん》も歌《うた》いたくなるのです。

ミュージカルスパイスについて知《し》りたくて、よーく読《よ》みました。絵《え》の中《なか》にもミュージカルスパイスの作《つく》り方《かた》がかいてあって、見《み》るのが楽《たの》しくなります。読《よ》んでも見《み》ても楽《たの》しめるこの本《ほん》が大好《だいす》きです。

（茨城県・東海村立村松小学校・５年生
須藤柚衣子・会員番号０６２５７）

十二国記《じゅうにこくき》

東《ひがし》の海神《わだつみ》 西《にし》の滄海《そうかい》

作：小野不由美

定価：本体629円（税別）
発行年：2000年7月15日
出版社：講談社・講談社文庫
ISBN:4-06-264834-2
314ページ

よんだ もってる 5段階評価

よんだ	もってる	1	2	3	4	5

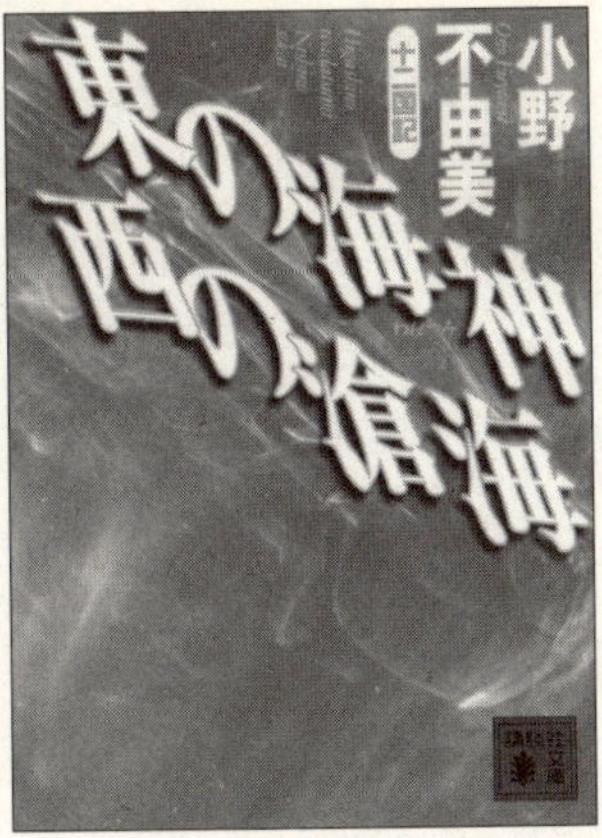

廃墟《はいきょ》と化《か》した雁国《えんこく》の復興《ふっこう》に励《はげ》む延王《えんおう》・尚隆《しょうりゅう》と延麒《えんき》。幼《おさな》い頃《ころ》に出会《であ》った更夜《こうや》の来訪《らいほう》に懐《なつ》かしさでいっぱいの延麒《えんき》は、じつは仕組《しく》まれた罠《わな》であることを疑《うたが》いもしなかった。争《あらそ》いごとや殺傷《さっしょう》を忌《い》み嫌《きら》う延麒《えんき》を人質《ひとじち》にとられ、雁国《えんこく》は怒濤《どとう》の騒乱《そうらん》にまきこまれてゆくが――。華《か》麗《れい》なる筆致《ひっち》で運命《うんめい》の力《ちから》を謳《うた》いあげる大《だい》スペクタクル。

✣

3人《にん》のやりとりが、とてもおもしろいです。読《よ》むたび、3人《にん》とも、苦労《くろう》しているんだなあと、しみじみ思《おも》ってしまいます。

たまには、延王《えんおう》も延麒《えんき》も感動《かんどう》するようなことを言《い》ってくれるのですが、笑《わら》える場面《ばめん》のほうが、多《おお》い、というか印象《いんしょう》に残《のこ》ります。

あと、延王《えんおう》が、延麒《えんき》や帷湍《いたん》たちにつけた別《べつ》の字《あざな》がものすごく笑《わら》えました。特《とく》に延麒《えんき》です。

個性《こせい》のある登場人物《とうじょうじんぶつ》が魅力的《みりょくてき》な本《ほん》です。

（東京都・大田区立松仙小学校・5年生
河野摩耶・会員番号 06519）

スターガール

作：ジェリー・スピネッリ
訳：千葉茂樹

定価：本体 1380 円（税別）
発行年：2001 年 4 月
出版社：理論社
ISBN:4-652-07197-3
314 ページ

よんだ　もってる　5段階評価
□　□　1 2 3 4 5

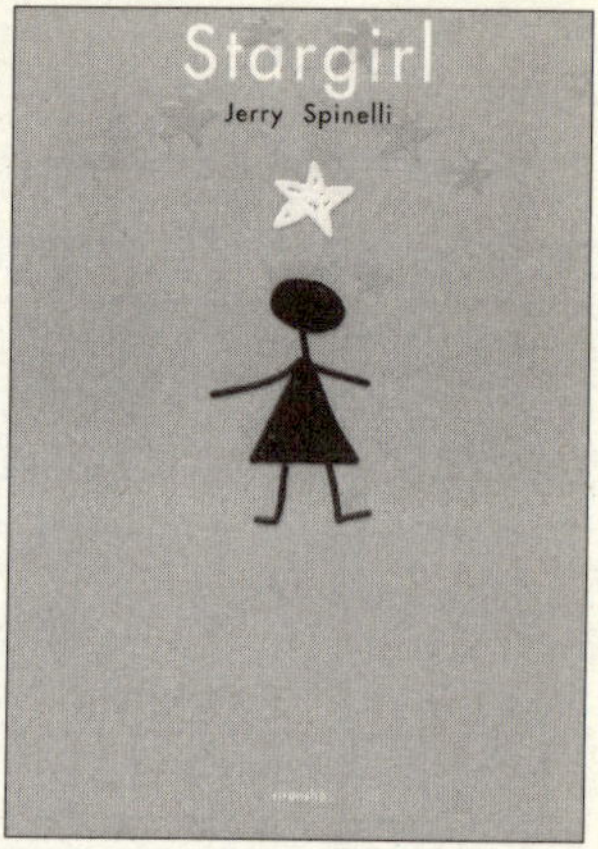

ハイスクールの転校生《てんこうせい》スターガール・キャラウェイは不思議《ふしぎ》な子《こ》だった。白《しろ》いドレスにウクレレ、ランチタイムの儀式《ぎしき》、風変《ふうが》わりなチアガール。彼女《かのじょ》は町《まち》はずれの砂漠《さばく》に秘密《ひみつ》の場所《ばしょ》をもっていた……。

✣

「自分《じぶん》らしさ」って、なに？「自分《じぶん》らしく」いちゃダメ？　なんでもみんなと合《あ》わせて、なんでもみんなと同《おな》じなんかじゃ、つまらない。親《おや》が生《う》んだ自分《じぶん》は、世界《せかい》に一人《ひとり》しかいないから、もっと大事《だいじ》にしなきゃいけないと思《おも》う。

スターガール・キャラウェイは、「自分《じぶん》らしく」生《い》きている。もし、自分《じぶん》を見失《みうしな》いそうになったら、この本《ほん》を読《よ》めばいいと思《おも》う。きっと自分《じぶん》が見《み》つかるから。

（東京都・立教女学院小学校・5年生
チャーミー・会員番号 05974）

セーラー服《ふく》と機関銃《きかんじゅう》

作：赤川次郎
絵：永田智子

定価：本体 1400 円（税別）
発行年：2002 年 12 月 10 日
出版社：岩崎書店
ISBN:4-265-06753-0
367 ページ

よんだ　もってる　５段階評価
□　□　１ ２ ３ ４ ５

父《ちち》の死《し》の直後《ちょくご》、弱小《じゃくしょう》ヤクザ目高組《めだかぐみ》組長《くみちょう》になった泉《いずみ》。17歳《さい》の女子高生《じょしこうせい》親分《おやぶん》の誕生《たんじょう》とともに、事務所《じむしょ》には機関銃《きかんじゅう》が撃《う》ちこまれる。組《くみ》どうしの抗争《こうそう》、誘拐《ゆうかい》、殺人《さつじん》……泉《いずみ》はつぎつぎとせまる危機《きき》に立《た》ち向《む》かう！
青春《せいしゅん》ミステリーの代表作《だいひょうさく》！

✣

この本《ほん》の主人公《しゅじんこう》、しっかり者《もの》の星泉《ほしいずみ》は高校《こうこう》2年《ねん》生《せい》の17歳《さい》。両親《りょうしん》を亡《な》くして孤児《こじ》の身《み》の上《うえ》になってしまった。そんな泉《いずみ》の前《まえ》に「目高組《めだかぐみ》」と名乗《なの》るヤクザ4人《にん》が現《あらわ》れた。そしてヤクザの組長《くみちょう》になってくれと頼《たの》まれる泉《いずみ》。
引《ひ》き受《う》けて組長《くみちょう》になった泉《いずみ》に、次々《つぎつぎ》と事件《じけん》がおそいかかる。心《こころ》に残《のこ》る場面《ばめん》は、泉《いずみ》が自《みずか》ら機関銃《きかんじゅう》を撃《う》つところ。組員《くみいん》の佐久間《さくま》の言葉《ことば》も心《こころ》にしみます。
これまでにない名作《めいさく》です。ぜひ、読《よ》んでみてください。

（東京都・筑波大学附属小学校・5年生）
（谷本千樺・会員番号 02346）

小4まで
小５
小６
中１
中２
中３
高校以上

だから、あなたも生《い》きぬいて

作：大平光代

定価：本体 580 円（税別）
発行年：2002 年 7 月 15 日
出版社：講談社・青い鳥文庫
ISBN:4-06-148592-X
260 ページ

よんだ　もってる　５段階評価
□　□　1 2 3 4 5

大好《だいす》きなおばあちゃんや、両親《りょうしん》の愛情《あいじょう》に包《つつ》まれた、幸《しあわ》せいっぱいの幼少時代《ようしょうじだい》――それが一変《いっぺん》したのは、転《てん》校先《こうさき》の中学《ちゅうがく》でのいじめだった。親友《しんゆう》の裏切《うらぎ》り、先生《せんせい》の無理解《むりかい》、絶望《ぜつぼう》の果《は》ての自殺未遂《じさつみすい》、そして暴力団《ぼうりょくだん》への転《てん》落《らく》の道《みち》……。どん底《ぞこ》から立《た》ち直《なお》るきっかけをつくってくれた養父《ようふ》に励《はげ》まされ、弁護士《べんごし》になるまでの波乱《はらん》の半《はん》生《せい》を描《えが》いた感動《かんどう》のノンフィクション。

❖

主人公《しゅじんこう》の光代《みつよ》さんが中学《ちゅうがく》の時《とき》にいじめにあい、その後《ご》、暴力団《ぼうりょくだん》の道《みち》へつき進《すす》んでしまったけれど、立《た》ち直《なお》ろうとして、いっしょうけんめい勉強《べんきょう》した結果《けっか》、弁護士《べんごし》になったところに、感動《かんどう》しました。

私《わたし》だと、なかなか立《た》ち直《なお》れないと思《おも》います。弁《べん》護士《ごし》になったのは、自分《じぶん》の努力《どりょく》もあるけど、養父《ようふ》の大平《おおひら》さんと周《まわ》りの応援《おうえん》も、力《ちから》になったと思《おも》います。読《よ》むだけで生《い》き方《かた》が変《か》わる、感動《かんどう》する本《ほん》です。

（東京都・葛飾区立細田小学校・５年生
藤森朝子・会員番号 ０５６３９）

小4まで
小5
小6
中1
中2
中3
高校以上

ダレン・シャンⅤ

——バンパイアの試練《しれん》——

作：Darren Shan

訳：橋本恵

定価：本体1500円（税別）
発行年：2002年7月1日
出版社：小学館
ISBN:4-09-290305-7
239ページ

よんだ	もってる	5段階評価				
		1	2	3	4	5

バンパイアの聖地《せいち》、バンパイア・マウンテンで、ダレンは、半《はん》バンパイアとしてふさわしいことを証明《しょうめい》するために、力量《りきりょう》の試練《しれん》を受《う》けることになる。水《みず》の迷路《めいろ》から始《はじ》まる試練《しれん》を、いくつも切《き》り抜《ぬ》けなければならない。失敗《しっぱい》すれば死《し》あるのみ。果《は》たしてダレンの運命《うんめい》は？

✣

バンパイアにされてしまったダレンがくりひろげるストーリーには、毎回《まいかい》おどろかされます。なかでも『ダレン・シャンV』は、試練《しれん》に立《た》ち向《む》かうダレンが、命《いのち》にかかわる大《だい》ピンチに何度《なんど》も追《お》いこまれ、想像《そうぞう》をこえるストーリーの展開《てんかい》に心臓《しんぞう》がバクバクいいました。夢中《むちゅう》になって夜中《よなか》の1時《じ》までかかっていっきに読《よ》み終《お》えました。読《よ》み終《お》えても興奮《こうふん》が続《つづ》き、なかなか眠《ねむ》れませんでした。

私《わたし》がいちばん幸《しあわ》せなのは、やっぱりふとんで『ダレン・シャン』を読《よ》んでいるときだと思《おも》います。

（兵庫県・明石市立大久保小学校・5年生
Y・K・会員番号 05674）

時《とき》を超《こ》えるSOS《エスオーエス》

—テレパシー少《しょう》女《じょ》「蘭《らん》」事《じ》件《けん》ノート4—

作：あさのあつこ

絵：塚越文雄

定価：本体 580 円（税別）

発行年：2002 年 2 月 15 日

出版社：講談社・青い鳥文庫

ISBN:4-06-148576-8

236 ページ

よんだ	もってる	5段階評価				
		1	2	3	4	5

フリーマーケットで見《み》つけた不思議《ふしぎ》な箱《はこ》が、留衣《るい》を江戸時代《えどじだい》につれさった。鳴子屋吉兵衛《なるこやきちべえ》の屋敷《やしき》に軟禁《なんきん》された留衣《るい》は、失踪《しっそう》した姉《あね》をさがす少女《しょうじょ》や、吉兵衛《きちべえ》の悪事《あくじ》をさぐる隠密《おんみつ》と出会《であ》う。連続殺人事件《れんぞくさつじんじけん》のかぎをにぎる〝闇鬼《やみおに》〟の正体《しょうたい》を追《お》う留衣《るい》たちに危険《きけん》が迫《せま》ったとき時空《じくう》を超《こ》えてかけつけた蘭《らん》と翠《みどり》の超能力《ちょうのうりょく》が、江戸《えど》の闇《やみ》をあばいていく……。

✣

テレパシー少女《しょうじょ》「蘭《らん》」事件《じけん》ノート第《だい》4弾《だん》のこの本《ほん》は、今《いま》まで読《よ》んできたなかでいちばんのお気《き》に入《い》りです。その理由《りゆう》は、蘭《らん》と翠《みどり》には、超能力《ちょうのうりょく》という、不思議《ふしぎ》な力《ちから》があるということです。

今回《こんかい》は、留衣《るい》が、江戸時代《えどじだい》にタイムスリップしてしまい、時間内《じかんない》に元《もと》の時代《じだい》に帰《かえ》らないと、二度《にど》ともどれない、そんなムチャクチャなありえないことが起《お》こります。それが、好《す》きな理由《りゆう》です。

（香川県・高松市立川岡小学校・5年生
讃岐ねこ🐾・会員番号06246）

徳利《とっくり》長《なが》屋《や》の怪《かい》
——名探偵夢水清志郎《めいたんていゆめみずきよしろう》事件《じけん》ノート外伝《がいでん》——

作：はやみねかおる
絵：村田四郎

定価：本体620円（税別）
発行年：1999年11月15日
出版社：講談社・青い鳥文庫
ISBN:4-06-148520-2
288ページ

よんだ　もってる　５段階評価
□　□　1 2 3 4 5

花見客《はなみきゃく》の見守《みまも》るなかで予告《よこく》どおりに盗《ぬす》みを成功《せいこう》させた怪盗九印《かいとうくいん》の正体《しょうたい》をつきとめ、れーちの話《はなし》の謎《なぞ》をあっさり解《と》いた清志郎左右衛門《きよしろうざえもん》が、幕府軍《ばくふぐん》と新政府軍《しんせいふぐん》の戦《いくさ》から江戸《えど》を守《まも》るために、すごいことを考《かんが》えた。江戸城《えどじょう》を消《け》す……。そんなことができるのだろうか。勝海舟《かつかいしゅう》や西郷隆盛《さいごうたかもり》を相手《あいて》に名探偵《めいたんてい》の頭脳《ずのう》がさえる。名探偵夢水清志郎《めいたんていゆめみずきよしろう》事件《じけん》ノート外伝《がいでん》・大江戸編下巻《おおえどへんげかん》、はじまりはじまり。

✣

この話《はなし》は、今《いま》までの夢水清志郎《ゆめみずきよしろう》シリーズとちがって、いい話《はなし》でした。もちろん、笑《わら》える場面《ばめん》もあれば、感動《かんどう》する場面《ばめん》もあり、最後《さいご》にはまた、笑《わら》わせてくれる。そんな物語《ものがたり》はあまりないです。

いじきたないけれど、どこかやさしいところがある、夢水清志郎《ゆめみずきよしろう》は、とても好《す》きです。たまにムッとくるところもあるけれど、それがキャラというものでしょうか。

（東京都・世田谷区立弦巻小学校・5年生
伊東慈・会員番号06663）

バイバイ スクール

――学校《がっこう》の七不思議事件《ななふしぎじけん》――

作：はやみねかおる

絵：吾妻ひでお

定価：本体 580 円（税別）

発行年：1996 年 2 月 15 日

出版社：講談社・青い鳥文庫

ISBN:4-06-148440-0

226 ページ

よんだ	もってる	5段階評価
		1 2 3 4 5

小4まで
小5
小6
中1
中2
中3
高校以上

わたしは、宮沢和子《みやざわかずこ》。みんな、わたしのことをワコってよぶの。小学《しょうがく》6年生《ねんせい》で、全校生徒《ぜんこうせいと》がたった6人《にん》の大《おお》奥村小学校《おくむらしょうがっこう》に通《かよ》っています。先生《せんせい》もいちばん若《わか》くて美《び》人《じん》の風街先生《かざまちせんせい》をはじめ、みんなで6人《にん》。たぬきのようなポンポコリン校長《こうちょう》を合《あ》わせて、13人《にん》です。このような自然《しぜん》にもめぐまれ、大家族《だいかぞく》のような学校《がっこう》が廃校《はいこう》になるんだけど、その前《まえ》にひと騒動《そうどう》が!?

✣

校長先生《こうちょうせんせい》のいう七不思議《ななふしぎ》が、怖《こわ》いような、おもしろいような気《き》がして、読《よ》んでいるうちにドキドキしてきました。ワコとコウの会話《かいわ》もおもしろかったです。私《わたし》は、ワコがしっかりした子《こ》でかっこいいなと思《おも》いました。話《はなし》の中《なか》では、いろいろな登場人物《とうじょうじんぶつ》が謎《なぞ》ときをしていたけれど、最後《さいご》にはワコが完全《かんぜん》なトリックを言《い》って、すごいと思《おも》いました。私《わたし》が今《いま》まで読《よ》んできた中《なか》で、いちばんおもしろい一冊《さつ》だと思《おも》いました。

（神奈川県・横浜市立篠原西小学校・5年生　R・S・会員番号 06655）

パスワードは，ひ・み・つ

——パソコン通信《つうしん》探偵団《たんていだん》事件《じけん》ノート——

作：松原秀行

絵：梶山直美

定価：本体 580 円（税別）
発行年：1995 年 6 月 15 日
出版社：講談社・青い鳥文庫
ISBN:4-06-148420-6
254 ページ

よんだ	もってる	5段階評価
		1 2 3 4 5

パソコン通信《つうしん》を知《し》ったマコトは、入団資格《にゅうだんしかく》テストにみごと合格《ごうかく》。飛鳥《あすか》、ダイ、みずきとともに捜査会議《そうさかいぎ》に参加《さんか》する。団長《だんちょう》のネロが出題《しゅつだい》する事件《じけん》や、メンバーが出会《であ》った事件《じけん》をみんなで解《と》いているまではよかったのだが、ある朝《あさ》、ジョギングをしていたみずきが現実《げんじつ》の事件《じけん》にまきこまれて……。さあっ、探偵団《たんていだん》の出動《しゅつどう》だ！

✣

好《す》きな理由《りゆう》は、クイズや、ダイイングメッセージの謎《なぞ》がおもしろいから。思《おも》わず本《ほん》の中《なか》に入《はい》ってみたいほどです。あっ、これはミステリーです。マコト、飛鳥《あすか》、ダイ、みずきの４人《にん》は電子探偵《でんしたんてい》団《だん》というグループの仲間《なかま》です。この４人《にん》は、ワープロを使《つか》って団長《だんちょう》ネロが出題《しゅつだい》する事件《じけん》を解決《かいけつ》していきます。一度《いちど》読《よ》んだらはまることまちがいなし！　ぼくなんか、20回《かい》ぐらい読《よ》んだよ!!　みんなも読《よ》んでねー。

（京都府・京都市立藤ノ森小学校・5年生
ぶんぞう・会員番号 06456）

小4まで
小5
小6
中1
中2
中3
高校以上

ホーリースクール

第《だい》5の扉《とびら》

作：倉橋燿子

絵：赤羽みちえ

定価：本体 580 円（税別）

発行年：2002 年 9 月 15 日

出版社：講談社・青い鳥文庫

ISBN:4-06-148599-7

254 ページ

よんだ	もってる	5段階評価				
		1	2	3	4	5

ついに翔《しょう》と初《はつ》デートできたかりん。彼女《かのじょ》たちに残《のこ》された課題《かだい》——ホーリー学園《がくえん》と立心館学園《りっしんかんがくえん》の交流《こうりゅう》を実現《じつげん》するため、里江子《りえこ》の発案《はつあん》で、両校《りょうこう》のジョイントコンサートが企画《きかく》される。いよいよ本番《ほんばん》をむかえ、会場《かいじょう》は最高《さいこう》潮《ちょう》。ところがそこへ立心館《りっしんかん》の先生《せんせい》たちが踏《ふ》み込《こ》んで——。かりんたちの熱意《ねつい》は実《みの》るのか？　さらにかりんを待《ま》ち受《う》けていた、思《おも》いがけない別《わか》れ——。感動《かんどう》の完結編《かんけつへん》。

✣

とにかくこれはチョーいい本《ほん》。読《よ》んだらとまらなくなっちゃう。主人公《しゅじんこう》のかりんが前向《まえむ》きで元気《げんき》で明《あか》るくて大好《だいす》き♡

ホーリースクールに来《く》ると、心《こころ》にきずを負《お》った子《こ》たちがみるみるうちに元気《げんき》になっちゃうんだ。それは、やさしい先生《せんせい》たち・見守《みまも》ってくれる仲間《なかま》・伝統《でんとう》の5つの扉《とびら》のおかげ。かりんの大切《たいせつ》な仲間《なかま》、理子《りこ》との別《わか》れの場面《ばめん》は泣《な》かずにはいられない！

（東京都・文京区立誠之小学校・5年生
谷口佳世・会員番号 05752）

小4まで
小5
小6
中1
中2
中3
高校以上

ぼくのつくった 魔法《まほう》のくすり

作：ロアルド・ダール
訳：宮下嶺夫
絵：クェンティン・ブレイク

定価：本体 1300 円（税別）
発行年：1990 年 2 月 20 日
出版社：評論社
ISBN:4-566-01066-X
164 ページ

よんだ	もってる	5段階評価				
		1	2	3	4	5

ある日《ひ》ジョージは、とてつもないことを思《おも》いついた。これが成功《せいこう》すれば、いじわるなグランマも、かわいいおばあちゃんに生《う》まれ変《か》わるかもしれないよ――!?

✣

ゲーッ、こんなおばあちゃん、ほんとうにいるのぉ～、と思《おも》わず叫《さけ》びたくなるくらい、ジョージのグランマはいじわるでイヤなやつ。

そんなグランマを、やさしくてかわいらしいおばあちゃんに変身《へんしん》させようと、ジョージは魔法《まほう》の薬《くすり》を作《つく》ります。ひげそりクリーム、粉《こな》せっけん、香水《こうすい》、犬《いぬ》のノミ取《と》り、なんでもかんでもつっこんで……。

これを飲《の》んだグランマがどうなったかは、読《よ》んでからのお楽《たの》しみ。おなかが痛《いた》くなるくらい、ゲラゲラ笑《わら》えます！

（北海道・札幌市立富丘小学校・5年生
SAYARIN・会員番号06323）

ぼくらは月夜《つきよ》に鬼《おに》と舞《ま》う

作：藤沢呼宇
絵：目黒詔子

定価：本体 1200 円（税別）
発行年：2003 年 4 月 30 日
出版社：岩崎書店
ISBN:4-265-80121-8
158 ページ

よんだ　もってる　5段階評価
□　□　1 2 3 4 5

小4まで
小5
小6
中1
中2
中3
高校以上

あるうわさ話《ばなし》のなぞを追《お》って、ひとりの少年《しょうねん》が行方《ゆくえ》不明《ふめい》になった。小学校《しょうがっこう》6年生《ねんせい》の野守完《のもりかん》は、姿《すがた》を消《け》した親友《しんゆう》モッチを探《さが》してゆくうちに、不可解《ふかかい》な場所《ばしょ》に入《はい》りこみ、そこで見《み》たことのない異様《いよう》な姿《すがた》の化《ば》け物《もの》を目撃《もくげき》する。その化《ば》け物《もの》の正体《しょうたい》は？　うわさ話《ばなし》のなぞとは？

やがて完《かん》は、不思議《ふしぎ》な少女《しょうじょ》ヒツキとともに、血《ち》に飢《う》えた化《ば》け物《もの》との対決《たいけつ》を迫《せま》られることになるが……。

✣

とにかくドキドキする！　イヌやネコを襲《おそ》う男《おとこ》がいるといううわさが広《ひろ》まるなか、ひとりの少年《しょうねん》が行方《ゆくえ》不明《ふめい》になります。ここからが不思議《ふしぎ》の世界《せかい》です！

鬼《おに》の世界《せかい》から逃《に》げだした「転《ころ》び」。それを追《お》う角《つの》のない鬼《おに》ヒツキ。いろんな未知《みち》の世界《せかい》へ招待《しょうたい》してくれる一冊《さつ》です。私《わたし》はこういう未来《みらい》の話《はなし》っぽいのが大好《だいす》きで、何度《なんど》も読《よ》み返《かえ》してます!!

（秋田県・秋田市立築山小学校・5年生
手嶋梨絵・会員番号 04660）

魔《ま》法《ほう》があるなら

作：アレックス・シアラー
訳：野津智子

定価：本体 1500 円（税別）
発行年：2003 年 2 月 19 日
出版社：PHP 研究所
ISBN:4-569-62668-8
327 ページ

よんだ　もってる　5段階評価
□　□　1 2 3 4 5

世界中《せかいじゅう》のチョコレート、素敵《すてき》な二段《だん》ベッド、おもちゃの山《やま》、居心地《いごこち》のいいテント、縮小《しゅくしょう》サイズの自転車《じてんしゃ》、ダイヤモンド……すべてがそろっている「あの場所《ばしょ》」で繰《く》り広《ひろ》げられる冒険《ぼうけん》の世界《せかい》へ、ようこそ！

世界《せかい》でいちばん素敵《すてき》なデパート「スコットレーズ」。ママがどうしてこのデパートに引《ひ》っ越《こ》そうと思《おも》ったのかはわからないけど、私《わたし》だったら夜《よる》もねむれないはず。

このドキドキ感《かん》は読《よ》まないと分《わ》からない。だれもしたことがないようなことが、次々《つぎつぎ》と出《で》てきてぐいぐいと本《ほん》に引《ひ》き込《こ》まれる。気《き》がつくと私《わたし》はもうスコットレーズの中《なか》にいる。これからどうなるの？　ページをめくるごとに、心臓《しんぞう》のドキドキが高《たか》まっていきます。ぜひ読《よ》んでください。

（茨城県・東海村立村松小学校・5年生
須藤柚衣子・会員番号06257）

モモ

作・絵：ミヒャエル・エンデ
訳：大島かおり

定価：本体 1700 円（税別）
発行年：1976 年 9 月 24 日
出版社：岩波書店
ISBN:4-00-110687-6
360 ページ

よんだ　もってる　5段階評価
□　□　1 2 3 4 5

時間どろぼうと ぬすまれた時間を人間に
とりかえしてくれた女の子のふしぎな物語
モモ
ミヒャエル・エンデ作 大島かおり訳

時間《じかん》どろぼうと、ぬすまれた時間《じかん》を人間《にんげん》にとりかえしてくれた女《おんな》の子《こ》のふしぎな物語《ものがたり》。

✣

モモは、すなおでやさしい女《おんな》の子《こ》です。けっしていい身《み》なりではないけれど、村《むら》のみんなにとてもたよられています。

そしてそのモモの親友《しんゆう》のベッポとジジや村《むら》の子《こ》どもたちやマイスター・ホラ。そんなキャラクター一人一人《ひとりひとり》の個性《こせい》が大好《だいす》きです。

本《ほん》の最後《さいご》は、とても感動《かんどう》できます。どうして感《かん》動《どう》できるのでしょう？　それはこの本《ほん》を最後《さいご》まで読《よ》んだ人《ひと》にしかわからない、心《こころ》がキレイになるような、とてもきもちいい快感《かいかん》なのです。

（大阪府・東大阪市立若江小学校・5年生
村川ゆうな・会員番号 06056）

小4まで
小5
小6
中1
中2
中3
高校以上

たのしくなる本

夢《ゆめ》のズッコケ修学旅行《しゅうがくりょこう》

作：那須正幹
絵：前川かずお

定価：本体 1000 円（税別）
発行年：1991 年 12 月
出版社：ポプラ社
ISBN:4-591-03226-4
206 ページ

よんだ もってる　５段階評価

よんだ	もってる					
		1	2	3	4	5

この本《ほん》は、修学旅行《しゅうがくりょこう》の楽《たの》しいすごしかたを、３人《にん》の少年《しょうねん》をつかって、具体的《ぐたいてき》、かつ克明《こくめい》に描《えが》いたものであります。これから修学旅行《しゅうがくりょこう》に出《で》かけるひとには、おおいに参考《さんこう》になるでしょう。もう、旅行《りょこう》のすんだひとは、こんなすごしかたもあったのかと、せいぜい悔《くや》しがってください。

✣

この本《ほん》は、今《いま》まで読《よ》んだズッコケシリーズでも、とくに楽《たの》しかったです。なんといっても、旅行《りょこう》での行動《こうどう》がおもしろかったです。

いちばんおもしろいのは、最後《さいご》の章《しょう》の、「吾妻《あづま》高原《こうげん》ハイランド」の場面《ばめん》。ハチベエが映画《えいが》に出《で》ることになったのが、楽《たの》しかったです。もの知《し》りハカセも、サインをしてもらって、修学旅行《しゅうがくりょこう》の魅《み》力《りょく》がつまった、楽《たの》しい一冊《さつ》でした。

（神奈川県・横浜市立上中里小学校・５年生）
（安久佳佑・会員番号０６６７４）

小4まで
小５
小６
中１
中２
中３
高校以上

若《わか》おかみは小学生《しょうがくせい》!

——花《はな》の湯温泉《ゆおんせん》ストーリー(1)——

作:令丈ヒロ子

絵:亜沙美

定価:本体 580 円(税別)

発行年:2003 年 4 月 15 日

出版社:講談社・青い鳥文庫

ISBN:4-06-148613-6

216 ページ

よんだ	もってる	5段階評価				
		1	2	3	4	5

6年生《ねんせい》のおっこは交通事故《こうつうじこ》で両親《りょうしん》を亡《な》くし、祖母《そぼ》の経《けい》営《えい》する旅館《りょかん》〝春《はる》の屋《や》〟に引《ひ》きとられる。そこに住《す》みつくユーレイ少年《しょうねん》・ウリ坊《ぼう》や、転校先《てんこうさき》の同級生《どうきゅうせい》でライバル旅館《りょかん》のあととり娘《むすめ》の真月《まつき》らと知《し》り合《あ》ったおっこは、ひょんなことから春《はる》の屋《や》の〝若《わか》おかみ〟修業《しゅぎょう》を始《はじ》めることに。きびしい修業《しゅぎょう》の日々《ひび》、失敗《しっぱい》の連続《れんぞく》……。負《ま》けるな、おっこ!

✣

かんたんに書《か》くと、春《はる》の屋《や》に引《ひ》っ越《こ》したおっこが、若《わか》おかみの修業《しゅぎょう》をする、という物語《ものがたり》です。

でもおっこは、なぜかユーレイのウリ坊《ぼう》が見《み》えて、そのせいでライバルができたりするけれど、名物菓子《めいぶつがし》コンテストでは大活躍《だいかつやく》! なんと、おっことウリ坊《ぼう》が作《つく》った、すごいプリンが秋好賞《しゅうこうしょう》に選《えら》ばれました。私《わたし》は一度《いちど》でいいからこのプリンを食《た》べてみたいです。

(福岡県・黒木町立木屋小学校・5年生 鍋島美希子・会員番号06457)

読者のみなさまへ

HIROKO REIJOU

百回《かい》は読《よ》んだ本《ほん》！

令丈《れいじょう》ヒロ子《こ》

わたしは子《こ》どものころから本《ほん》が好《す》きです。

しかし、本《ほん》ならなんでも好《す》きというわけではありません。

笑《わら》える、おもしろい、しかもマンガやテレビ番組《ばんぐみ》とはちがったおもしろさを持《も》っている本《ほん》が好《す》きです。

そういう本《ほん》のすっごいやつに出《で》会《あ》ったのは小学生《しょうがくせい》、まだ低学年《ていがくねん》の頃《ころ》でした。

わたしは寝《ね》ていました。すると姉《あね》にいきなり、顔《かお》にスタンドライトを照《て》らされました。

「起《お》き！　むっちゃおもしろいことがあるで！」

わたしはまぶしさにくらくらしながらも、その言葉《ことば》にひかれて必死《ひっし》で目《め》を開《あ》けました。

「聞《き》いてや。この本《ほん》、めっちゃおもしろいねん。あのな、いろんな事件《じけん》があってな、世界《せかい》中《じゅう》に『ブン』って人《ひと》が有名《ゆうめい》になって流行《はや》るねん。ええか、読《よ》むで。」

「うん。」

〈……ブンを商品名《しょうひんめい》とする気《き》の遠《とお》くなるほどたくさんの品物《しなもの》が発売《はつばい》された。『ブンパンツ』『ブンタワシ』『ブンカンオケ』『ブンチャ』これはお茶《ちゃ》、『ブンチャッチャ』これは音楽《おんがく》の新《しん》リズム、『ブンドキ』分度器《ぶんどき》のことではなくて土器《どき》、『ブンブクチャガマ』。〉

わたしはこのあたりから眠気《ねむけ》がさめ、はははと笑《わら》い始《はじ》めました。姉《あね》はわたしが笑《わら》ったのに気《き》をよくして、さらに本《ほん》を読《よ》み続《つづ》けました。

〈『ブンヅマリ』フン詰《づ》まりのことではなくて、まりをつくっている「津商店《つしょうてん》」の親父《おやじ》がつけた商品名《しょうひんめい》、『ブンレツ』分裂《ぶんれつ》したわけではなく、ある食堂《しょくどう》がオムレツにつけた名前《なまえ》、『ブンケ』新発売《しんはつばい》のはげ頭用《あたまよう》のカツラ、『ブンゾリカエル』新《あたら》しく発見《はっけん》されたカエルにつけられた学名《がくめい》、『ブンナカレーニナ』菜《な》っ葉《ぱ》の入《はい》ったカレーの素《もと》、『夕陽《ゆうひ》のブンマン』夕陽丘《ゆうひがおか》という場所《ばしょ》で売《う》れているブタマンジュウの名前《なまえ》……。〉

わたしはふとんの中《なか》で、そっくり返《かえ》って笑《わら》い、汗《あせ》をいっぱいかきました。

それは井上《いのうえ》ひさしさんという人《ひと》が書《か》いた『ブンとフン』という本《ほん》でした。

わたしはその後《ご》、その本《ほん》をすぐに買《か》ってもらいました。

『ブンとフン』は、駄洒落《だじゃれ》のシーンだけでなく、全編《ぜんぺん》、夢《ゆめ》と笑《わら》いと笑《わら》いと笑《わら》いに満《み》ちた、ものすごく楽《たの》しい読《よ》み物《もの》でした。

現在《げんざい》、中年《ちゅうねん》になるまで、その本《ほん》は百回《かい》ぐらい読《よ》みました。

マンガやバラエティー番組《ばんぐみ》、演芸《えんげい》も大好《だいす》きですが、「本《ほん》」がわたしの中《なか》で第《だい》1位《い》になったのは、『ブンとフン』に出会《であ》ったおかげです。

この本《ほん》を読《よ》んでいるみなさんも、大人《おとな》になるまでに百回《かい》読《よ》んでもあきないような、おもしろくて自分《じぶん》にぴったり合《あ》った本《ほん》に出会《であ》えるといいですね！

小6
おすすめの本

いちご
ウォーターボーイズ
宇宙人のしゅくだい
air（エア）
お局さまは名探偵！
オリエント急行殺人事件
オレンジ・シティに風ななつ
鏡の国のアリス
消える総生島
霧のむこうのふしぎな町
クリスマス　キャロル
クレヨン王国デパート特別食堂
ご隠居さまは名探偵！
消えた赤ちゃん救出大作戦！
少年H
そして五人がいなくなる
空から降ってきた猫のソラ
地下室からのふしぎな旅
杜子春・トロッコ・魔術
ともだちは海のにおい
二十四の瞳
人形は笑わない
ねらわれた学園
パスワードのおくりもの
パスワード幽霊ツアー
ひとつの装置
おーい　でてこーい
亡霊は夜歩く
ぼくたちの家出
名探偵ホームズ　三年後の生還
盲導犬クイールの一生
約束
床下の小人たち
若草物語
吾輩は猫である
ねらわれた街

いちご

作：倉橋燿子
絵：さべあのま

定価：本体 580 円（税別）
発行年：1994 年 10 月 15 日
出版社：講談社・青い鳥文庫
ISBN:4-06-148404-4
236 ページ

よんだ もってる 5段階評価

よんだ	もってる	1	2	3	4	5

いちごは、小学《しょうがく》5年生《ねんせい》、アトピーになやんでいる女《おんな》の子《こ》。お父《とう》さんの仕事《しごと》のため、東京《とうきょう》から信州《しんしゅう》の山《やま》のなかに一家《いっか》で引《ひ》っ越《こ》してきました。都会《とかい》での生活《せいかつ》からは想像《そうぞう》もつかない大自然《だいしぜん》のなかの毎日《まいにち》は、いちごにとってはじめてのことばかり。ここだったら、アトピーもよくなりそう……。

✣

私《わたし》は『いちご』を読《よ》んでから、本《ほん》がとっても好《す》きになりました！ とってもワクワクして、ずーっと読《よ》んでいたい気分《きぶん》になりました。

私《わたし》もいちごになって、イヌたちやいろいろな友《とも》だちと、遊《あそ》びたいなぁと思《おも》ったことが、何度《なんど》もあります。もちろん、いちごとも遊《あそ》んでみたいです。

こんな感《かん》じで、いろいろ想像《そうぞう》もします。だからとっても楽《たの》しいです。みんなにも、この本《ほん》を読《よ》んでワクワクしてもらいたいです!!

（兵庫県・稲美町立天満東小学校・6年生
丸碆芽生・会員番号06082）

ウォーターボーイズ

作・絵：矢口史靖《しのぶ》

定価：本体438円（税別）
発行年：2001年8月25日
出版社：角川書店・角川文庫
ISBN:4-04-360601-X
214ページ

よんだ	もってる	5段階評価
		1 2 3 4 5

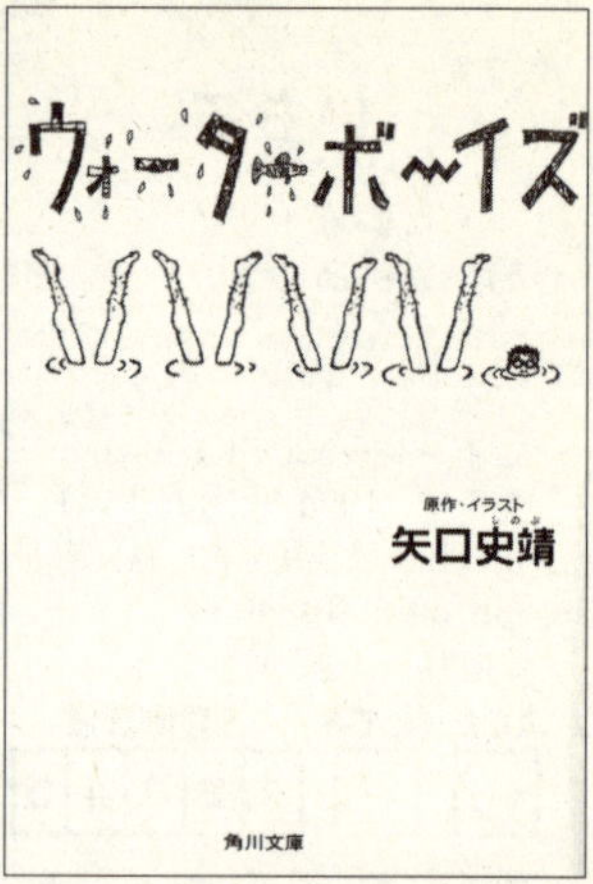

唯野男子校《ただのだんしこう》・水泳部《すいえいぶ》の部員《ぶいん》は、鈴木《すずき》ただ一人《ひとり》。そんな水泳部顧問《すいえいぶこもん》に新人女性教師《しんじんじょせいきょうし》・佐久間《さくま》が就任《しゅうにん》したところ、一気《いっき》に入部希望者殺到《にゅうぶきぼうしゃさっとう》！　しかし、彼女《かのじょ》のやりたい競技《きょうぎ》はシンクロナイズドスイミングだった。「男《おとこ》のシンクロ」に部員《ぶいん》は恐《おそ》れをなして、5人《にん》だけが取《と》り残《のこ》される。そして、ついに文化祭《ぶんかさい》で発表《はっぴょう》するハメに……。

✣

もう、オカシくてオカシくて、ひたすら笑《わら》けちゃうこの本《ほん》。映画《えいが》にもなったから、知《し》ってる人《ひと》もいるのではないでしょうか？

主人公《しゅじんこう》は、とにかくドジな高校《こうこう》3年生《ねんせい》。その名《な》も、鈴木《すずき》。唯野高校《ただのこうこう》ただ一人《ひとり》の水泳部員《すいえいぶいん》が、なんと「シンクロ」をやることに!?

本《ほん》のところどころに、イラストもあるので、本《ほん》がニガテな人《ひと》でもOK《オーケー》！　まぁ、とにかく、これを読《よ》んで笑《わら》ってください！

（岡山県・岡山市立平津小学校・6年生
松田伊織・会員番号05289）

宇宙人《うちゅうじん》のしゅくだい

作：小松左京
絵：堤直子

定価：本体530円（税別）
発行年：1981年8月10日
出版社：講談社・青い鳥文庫
ISBN:4-06-147074-4
188ページ

よんだ　もってる　５段階評価

よんだ	もってる	1	2	3	4	5

「ちょっとまって！　わたしたちがおとなになったら、きっと戦争《せんそう》のない星《ほし》にして、地球《ちきゅう》をもっともっと、たいせつにするわ……。」

ヨシコのした宇宙人《うちゅうじん》との約束《やくそく》は、はたして実現《じつげん》されるでしょうか。表題作《ひょうだいさく》「宇宙人《うちゅうじん》のしゅくだい」ほか、次代《じだい》を担《にな》う子《こ》どもたちへの期待《きたい》をこめておくる25編《へん》のＳＦ短編集《エスエフたんぺんしゅう》。

✣

つづきが読《よ》みたくなる。人《ひと》が気《き》づかないうちに、宇宙人《うちゅうじん》が、助《たす》けてくれているのかもしれない。

とても、おもしろい本《ほん》です。自分《じぶん》が、思《おも》っている、宇宙人《うちゅうじん》よりも、ぜんぜんちがう、おもしろい宇宙人《うちゅうじん》が、つぎつぎ出《で》てくる。

（兵庫県・尼崎市立七松小学校・６年生
クーリア・会員番号０６２６９）

air《エア》

作：名木田恵子

定価：本体 1300 円（税別）
発行年：2003 年 2 月
出版社：金の星社
ISBN:4-323-07030-6
237 ページ

よんだ	もってる	5段階評価				
		1	2	3	4	5

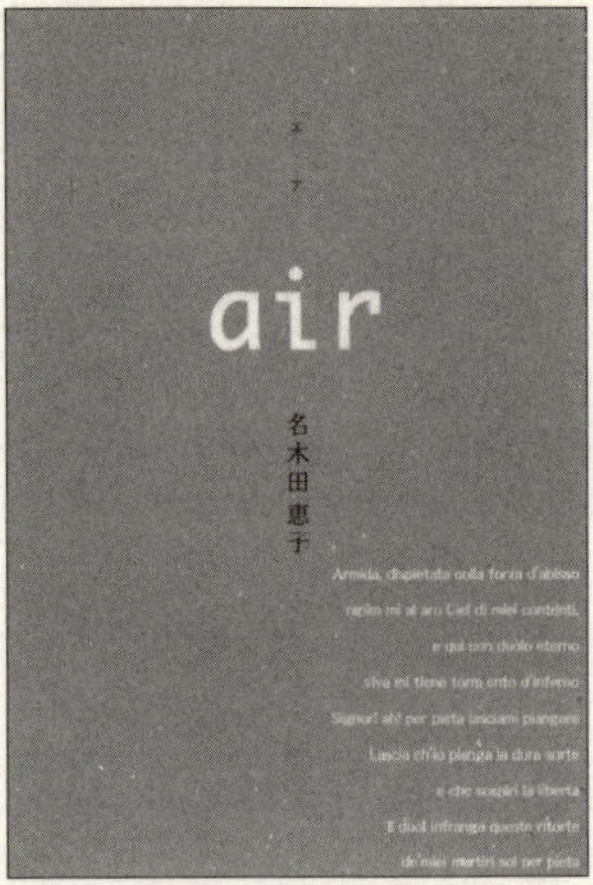

たった5日《いつか》の家出《いえで》、完全《かんぜん》な自由《じゆう》、何年分《なんねんぶん》もの濃厚《のうこう》な日々《ひび》、10代《だい》のみずみずしい人生《じんせい》の一《ひと》コマを圧倒的実感《あっとうてきじっかん》をもって切《き》り取《と》った話題作《わだいさく》。

A《ア》O《オ》I《イ》・レジデンス８０９号室《ごうしつ》。ここで過《す》ごした衆《しゅう》介《すけ》との日々《ひび》。たった5日《いつか》の自由《じゆう》。「私《わたし》を泣《な》かせてください」の切《せつ》ない響《ひび》き……。決《けっ》して忘《わす》れられない私《わたし》の中《なか》に流《なが》れる何《なに》かが確《たし》かに変《か》わった14歳《さい》のあの夏《なつ》の日《ひ》。

✣

「家出《いえで》」。これはだれもが一度《いちど》は考《かんが》えること。主人公《しゅじんこう》の園村絵亜《そのむらえあ》は、家出《いえで》をしたいけどできない少女《しょうじょ》です。エアは、母親《ははおや》の意思《いし》で有名女子中《ゆうめいじょしちゅう》学《がく》に通《かよ》っています。ある日《ひ》エアは、小《しょう》5のころの友《とも》だちが「プチ家出《いえで》」をしていると聞《き》き、自分《じぶん》も5日間《いつかかん》だけの家出《いえで》をします。

夏《なつ》の5日間《いつかかん》の家出《いえで》。泣《な》きたくなるような現実《げんじつ》。夏《なつ》に読《よ》むとぜったい感動《かんどう》します。

（千葉県・船橋市立習志野台第一小学校・6年生
加藤沙織・会員番号01731）

お局《つぼね》さまは名探偵《めいたんてい》！
――紫式部《むらさきしきぶ》と清少納言《せいしょうなごん》とタイムスリップ探偵団《たんていだん》――

作：楠木誠一郎
絵：村田四郎

定価：本体 620 円（税別）
発行年：2003 年 6 月 15 日
出版社：講談社・青い鳥文庫
ISBN:4-06-148618-7
284 ページ

よんだ	もってる	5段階評価
□	□	1 2 3 4 5

京都《きょうと》にやってきた拓哉《たくや》・亮平《りょうへい》・香里《かおり》のタイムスリップ探偵団《たんていだん》。そこで、香里《かおり》がひとりで平安時代《へいあんじだい》にタイムスリップ！　とほうにくれる香里《かおり》を助《たす》けてくれたのは、なんと清少納言《せいしょうなごん》だった……。宮廷《きゅうてい》でおこる連続殺人事《れんぞくさつじんじ》件《けん》に挑《いど》む清少納言《せいしょうなごん》。かぎをにぎるのは和歌《わか》にかくされた謎《なぞ》の暗号《あんごう》。うかびあがる容疑者《ようぎしゃ》は、なんと紫式部《むらさきしきぶ》!?　豪華《ごうか》けんらんな宮廷《きゅうてい》を舞台《ぶたい》に、清少納言《せいしょうなごん》の推理《すいり》がさえる。第《だい》3弾《だん》は本格推理《ほんかくすいり》だ!!

✣

私《わたし》は、このタイムスリップシリーズが大好《だいす》きです。なぜかというと、タイムスリップをして、いろいろな時代《じだい》に行《い》って、謎《なぞ》を解《と》くのが楽《たの》しいし、6年生《ねんせい》の歴史《れきし》の勉強《べんきょう》が、少《すこ》しできるからです。しかも楽《たの》しく覚《おぼ》えられるから。

後悔《こうかい》しません。保証《ほしょう》します！　歴史《れきし》がきらいな人《ひと》でも大丈夫《だいじょうぶ》！　歴史《れきし》を楽《たの》しく読《よ》んで学《まな》ぼう！

（大阪府・岸和田市立八木小学校・6年生
土井みなみ・会員番号 06067）

オリエント急行《きゅうこう》殺人《さつじん》事件《じけん》

作：アガサ＝クリスティ
訳：花上かつみ
絵：高松啓二

定価：本体 720 円（税別）
発行年：1999 年 11 月 15 日
出版社：講談社・青い鳥文庫
ISBN:4-06-148511-3
386 ページ

よんだ　もってる　5段階評価
□　□　1 2 3 4 5

20世紀《せいき》前半《ぜんはん》に全盛時代《ぜんせいじだい》をむかえたオリエント急行《きゅうこう》は、ヨーロッパのひとびとの、あこがれだった。アガサ＝クリスティも実際《じっさい》に、この豪華列車《ごうかれっしゃ》に乗《の》って、遠《とお》くバグダッドまで旅《たび》をしている。90をこすクリスティの作品《さくひん》の中《なか》で、もっとも有名《ゆうめい》なこの傑作《けっさく》は、このときの体験《たいけん》と、当時《とうじ》、世界《せかい》じゅうに衝撃《しょうげき》をあたえた、幼児誘拐殺《ようじゆうかいさつ》人事件《じんじけん》をもとに書《か》かれたという。読者《どくしゃ》も乗客《じょうきゃく》のひとりになってみよう。

✣

私《わたし》はアガサ＝クリスティの大《だい》ファンで、子《こ》ども向《む》けの本《ほん》を探《さが》していました。青《あお》い鳥文庫《とりぶんこ》で見《み》つけたときは、うれしくてたまらなかったです！

オリエント急行《きゅうこう》の中《なか》で一人《ひとり》の老人《ろうじん》が殺害《さつがい》されます。老人《ろうじん》の部屋《へや》は密室《みっしつ》で、だれも中《なか》には入《はい》れない。乗客全員《じょうきゃくぜんいん》にアリバイがあるけど……犯人《はんにん》は？というお話《はなし》です。読《よ》んでみてください！

（山形県・鶴岡市立朝暘第二小学校・6年生
渡辺茜・会員番号 06629）

オレンジ・シティに風《かぜ》ななつ

作：松原秀行
絵：伊藤正道

定価：本体1300円（税別）
発行年：2002年5月25日
出版社：講談社
ISBN:4-06-211300-7
94ページ

よんだ　もってる　5段階評価
1 2 3 4 5

オレンジ・シティをかけぬける、ななつの風《かぜ》がはこんできた、夢《ゆめ》のかけらの物語《ものがたり》。
これは、ゲームなのかもしれない。オレンジ・シティという異世界《いせかい》を旅《たび》して、不思議《ふしぎ》な物語《ものがたり》を発見《はっけん》していく、ロール・プレイング・ゲーム。そしてぼくは、いま、そのプレイヤーをつとめている。

✣

読《よ》み終《お》わると、幸《しあわ》せになった気《き》がします。

主人公《しゅじんこう》（の一人《ひとり》？）のジンが物語《ものがたり》を読《よ》み進《すす》めるのといっしょに、私《わたし》も物語《ものがたり》にぐいぐい引《ひ》きこまれていきました。

私《わたし》がいちばん好《す》きなのは、「花壇《かだん》」という話《はなし》です。ジンが自《みずか》ら物語《ものがたり》の中《なか》で話《はなし》になるのです。そして、新《あたら》しい物語《ものがたり》をつくりだすのです。

読書《どくしょ》が好《す》きではない人《ひと》にも、読《よ》みやすい、うすい本《ほん》で、絵《え》もステキなので、おすすめ！

（東京都・葛飾区立綾南小学校・6年生
ティティ・ベニー・会員番号0393）

鏡《かがみ》の国《くに》のアリス

作：ルイス＝キャロル
訳：高杉一郎
絵：J= テニエル

定価：本体 544 円（税別）
発行年：1994 年 4 月 15 日
出版社：講談社・青い鳥文庫
ISBN:4-06-147394-8
246 ページ

よんだ　もってる　5段階評価
□　□　1 2 3 4 5

あかるい銀色《ぎんいろ》の霧《きり》のようにとけだした鏡《かがみ》を通《とお》りぬけてアリスがはいりこんだ奇妙《きみょう》な世界《せかい》。おしゃべりな花《はな》たちが咲《さ》く庭《にわ》をふりだしに、鏡《かがみ》の国《くに》を歩《ある》くアリスのまえに、つぎつぎとおかしな住人《じゅうにん》があらわれる。『ふしぎの国《くに》のアリス』につづくキャロルの作品《さくひん》で、夢《ゆめ》とユーモアにあふれたファンタジーの傑作《けっさく》です。

✣

私《わたし》の妹《いもうと》でもよく知《し》っているふしぎの国《くに》のアリス。その続編《ぞくへん》、『鏡《かがみ》の国《くに》のアリス』は「ふしぎの国《くに》」とは違《ちが》ったおもしろさだと思《おも》う。

前《まえ》から鏡《かがみ》のむこうにふしぎな世界《せかい》があるかもと思《おも》っていた私《わたし》はさっそく実験《じっけん》。しばらく鏡《かがみ》の前《まえ》で待《ま》っていたけど、何《なに》も起《お》こらないから手《て》をつっこんだらぶつけて痛《いた》かった。でも、私《わたし》はそれだけアリスの鏡《かがみ》の国《くに》に行《い》きたくなったということ。鏡《かがみ》の前《まえ》にチェスをおかなきゃ駄目《だめ》なのかな？

（神奈川県・横浜市立金沢小学校・6年生
空想少女・会員番号 06704）

小4まで
小5
小6
中1
中2
中3
高校以上

消《き》える総生島《そうせいじま》

―名探偵夢水清志郎事件《めいたんていゆめみずきよしろうじけん》ノート―

作：はやみねかおる
絵：村田四郎

定価：本体580円（税別）
発行年：1995年9月15日
出版社：講談社・青い鳥文庫
ISBN:4-06-148423-0
262ページ

よんだ　もってる　5段階評価
□　□　1 2 3 4 5

映画《えいが》に出演《しゅつえん》することになった亜衣《あい》、真衣《まい》、美衣《みい》は、映画《えいが》スタッフやおまけの夢水名《ゆめみずめい》（迷《めい》）探偵《たんてい》と、鬼伝説《おにでんせつ》のある総生島《そうせいじま》へロケにやってきた。やがて、つぎからつぎへと奇怪《きかい》な出来事《できごと》がおこり、そのたびに不気味《ぶきみ》なメッセージがのこされる。ほんとうに伝説《でんせつ》の鬼《おに》がよみがえったのか……。名探偵夢水清志郎事件《めいたんていゆめみずきよしろうじけん》ノート第《だい》3作《さく》。

✣

三《み》つ子《ご》の亜衣《あい》、真衣《まい》、美衣《みい》は、映画《えいが》のイメージガールに選《えら》ばれた。夢水教授《ゆめみずきょうじゅ》も、結局《けっきょく》ついていくことになる。

撮影《さつえい》する場所《ばしょ》は総生島《そうせいじま》。なんとそこで人《ひと》が消《き》え、島《しま》が消《き》え、山《やま》も消《き》えた！　さらに鬼《おに》があらわれたり、あー謎《なぞ》がいっぱい。

はたして結末《けつまつ》は？　亜衣《あい》たちのドキドキする行動《こうどう》もいっぱい！　一度《いちど》でいいから読《よ》んでみて！ぜひおすすめするから!!

（大阪府・堺市立錦綾小学校・6年生
井上歩美・会員番号0 5 6 3 0）

霧《きり》のむこうのふしぎな町《まち》

作：柏葉幸子
絵：竹川功三郎

定価：本体 530 円（税別）
発行年：1980 年 11 月 10 日
出版社：講談社・青い鳥文庫
ISBN:4-06-147021-3
204 ページ

よんだ もってる 5段階評価

よんだ	もってる	1	2	3	4	5

「霧《きり》の谷《たに》」の森《もり》をぬけて霧《きり》の晴《は》れ間《ま》でリナが目《め》にしたのは、赤《あか》やクリーム色《いろ》の洋館《ようかん》のたちならぶ、外国《がいこく》のような小《ちい》さな町《まち》でした。ふしぎな町《まち》でリナが出会《であ》った、ふしぎな力《ちから》と魅力《みりょく》を秘《ひ》めた人々《ひとびと》と過《す》ごす日々《ひび》を、作者《さくしゃ》が、心《こころ》から楽《たの》しく語《かた》る。物語性豊《ものがたりせいゆた》かなファンタジーの名作《めいさく》。

✣

この本《ほん》を好《す》きな理由《りゆう》は、本《ほん》を読《よ》んでいると、自《じ》分《ぶん》もいっしょに本《ほん》の中《なか》に入《はい》っていって、わくわくドキドキしたりできるからです。

主人公《しゅじんこう》のリナは、不思議《ふしぎ》なピエロのかさを持《も》って、不思議《ふしぎ》な霧《きり》の谷《たに》へ向《む》かいます。

この不思議《ふしぎ》で、わくわくドキドキする始《はじ》まりを聞《き》いただけで、「私《わたし》も行《い》きたいな。」「それから、どうなるのだろう。」と、すぐにでも読《よ》んで、不《ふ》思議《しぎ》な旅《たび》に行《い》きたいと思《おも》うはずです。

（山口県・下松市立花岡小学校・6年生
安西のぞみ・会員番号 0 5 5 4 6）

クリスマス　キャロル

作：チャールズ＝ディケンズ
訳：こだまともこ
絵：司修

定価：本体580円（税別）
発行年：1984年11月10日
出版社：講談社・青い鳥文庫
ISBN:4-06-147154-6
222ページ

よんだ　もってる　５段階評価

よんだ	もってる	1	2	3	4	5

AOITORI BUNKO
講談社 青い鳥文庫
―クリスマスのゆうれいの話―
クリスマス キャロル
チャールズ＝ディケンズ
こだまともこ／訳　司 修／絵

今日《きょう》はクリスマスイブ。ケチで心《こころ》の冷《ひ》えたスクルージにはクリスマスなんて、「おめでとうだって、ふん、ばかばかしい！」――その夜《よる》7年前《ねんまえ》に死《し》んだ相棒《あいぼう》のゆうれいがやってきて、お前《まえ》を助《たす》けるために3人《にん》のゆうれいをよこすという。過去《かこ》、現在《げんざい》、未来《みらい》のゆうれいが彼《かれ》に見《み》せたものは――。ユーモアと哀感《あいかん》あふれる名作《めいさく》。

この本《ほん》を手《て》にとると、まず表紙《ひょうし》の絵《え》にゾクッとします。でも、中身《なかみ》は、ちょっとにくめないスクルージが描《えが》かれています。

主人公《しゅじんこう》スクルージの、最初《さいしょ》のようすと最後《さいご》のようす。その、大《おお》きなちがいにびっくりします。クリスマスの日《ひ》の温《あたた》かい優《やさ》しさに包《つつ》まれます。

これは、何度《なんど》も読《よ》みかえしたい作品《さくひん》です。クリスマスだけでなく年中無休《ねんじゅうむきゅう》で読《よ》んでほしいです。

（神奈川県・川崎市立東柿生小学校・6年生
みじゅ・会員番号06846）

クレヨン王《おう》国《こく》 デパート特《とく》別《べつ》食《しょく》堂《どう》

作：福永令三
絵：三木由記子

定価：本体 580 円（税別）
発行年：1993 年 7 月 15 日
出版社：講談社・青い鳥文庫
ISBN:4-06-147385-9
238 ページ

よんだ　もってる　5段階評価

よんだ	もってる	1	2	3	4	5

AOITORI BUNKO
講談社 青い鳥文庫
クレヨン王国
デパート特別食堂
福永令三／作　三木由記子／絵

カエルとツバメをさがしに町《まち》へ出《で》た古時計《ふるどけい》の長針《ちょうしん》はやまるくんと、短針《たんしん》おそまるくんがごちそうになったうなぎのかば焼《や》き（はやまるくん　おそまるくん）。手術代《しゅじゅつだい》のかわりに借《か》りた〝おどるフルーツの木《き》〟（フルーツ仙人《せんにん》と、ふつうの医者《いしゃ》）。

オウムのすきなアイスクリーム、キツネおやじのつくる名物天丼《めいぶつてんどん》など、おいしいお話《はなし》7編《へん》が入《はい》っています。

✣

おいしいストーリーが7編《へん》入《はい》っていて、それぞれの話《はなし》に特徴《とくちょう》があり、一冊《さつ》の本《ほん》で7つの楽《たの》しさが味《あじ》わえます。いろいろなキャラクターになりきってこの本《ほん》の中《なか》に入《はい》りこむと、もっと楽《たの》しめます。グゥ〜とおなかが鳴《な》ってしまうけれど、読《よ》むとすがすがしい気分《きぶん》になれます。よだれが出《で》ちゃうほどおいしい本《ほん》です。私《わたし》はもう2冊《さつ》も食《た》べちゃったので、３冊目《さつめ》を買《か》いに行《い》きます。

（神奈川県・川崎市立東柿生小学校・６年生
みじゅ・会員番号０６８４６）

ご隠居《いんきょ》さまは名探偵《めいたんてい》！

――水戸黄門《みとこうもん》とタイムスリップ探偵団《たんていだん》――

作：楠木誠一郎
絵：村田四郎

定価：本体620円（税別）
発行年：2002年12月13日
出版社：講談社・青い鳥文庫
ISBN:4-06-148604-7
286ページ

よんだ	もってる	5段階評価				
□	□	1	2	3	4	5

AOITORI BUNKO
講談社 青い鳥文庫
ご隠居さまは名探偵！
水戸黄門とタイムスリップ探偵団
楠木誠一郎／作 村田四郎／絵

修学旅行《しゅうがくりょこう》で日光《にっこう》へ行《い》った拓哉《たくや》・亮平《りょうへい》・香里《かおり》の3人《にん》は、ひょんなことから江戸時代《えどじだい》にタイムスリップ。そこで、イメージをくつがえす、とんでもない水戸黄門《みとこうもん》に出会《であ》う。おどろきあきれる3人《にん》の前《まえ》に、なんともう一人《ひとり》の黄門《こうもん》さまが……。いったい、どっちが本物《ほんもの》？　宝物盗《たからものとう》難事件《なんじけん》や、たった1行《ぎょう》の謎《なぞ》の暗号《あんごう》、さらに俳人《はいじん》・松尾《まつお》芭蕉《ばしょう》の意外《いがい》な正体《しょうたい》など、見《み》せ場《ば》たっぷり。3人組《にんぐみ》と黄《こう》門《もん》さまが大騒動《おおそうどう》をまきおこす!!

✣

江戸時代《えどじだい》にタイムスリップして、あの有名《ゆうめい》な水《み》戸《と》黄門《こうもん》に会《あ》う主人公《しゅじんこう》たち。しかし、にせものが出《で》てきて、すっご〜くやばい！　大大大《だいだいだい》っ好《す》きな場《ば》面《めん》は、水戸《みと》黄門《こうもん》が3つの宿《やど》のどこに泊《と》まるかを決《き》めるところ。だって「仲居《なかい》さんはどこがいちばんきれいか」とか「どこがいちばん安《やす》いか」などで決《き》めたからです。超笑《ちょうわら》える&《アンド》楽《たの》しい作品《さくひん》です！

（東京都・調布市立第一小学校・6年生
沓掛可菜・会員番号040097）

消《き》えた赤《あか》ちゃん救出《きゅうしゅつ》大《だい》作《さく》戦《せん》！
――写楽《しゃらく》ホーム凸凹《デコボコ》探偵団《たんていだん》1――

作：那須正幹
絵：関修一

定価：本体 580 円（税別）
発行年：2001 年 7 月 28 日
出版社：講談社・青い鳥文庫
ISBN:4-06-148563-6
270 ページ

よんだ もってる 5段階評価

よんだ	もってる	1	2	3	4	5

AOITORI BUNKO
講談社 青い鳥文庫
写楽ホーム凸凹探偵団1
消えた赤ちゃん救出大作戦！
那須正幹／作 関修一／絵

チビの正太《しょうた》とバクチの天才《てんさい》・勇《いさむ》、それに優等生《ゆうとうせい》の千《ち》佳《か》。小学《しょうがく》6年生《ねんせい》の3人《にん》が、写楽《しゃらく》ホームに住《す》むお年寄《としよ》り、軍平《ぐんぺい》さん（元刑事《もとけいじ》）と乙松《おとまつ》さん（元《もと》？）を助《すけ》っ人《と》に、赤《あか》ちゃんが連続《れんぞく》して病院《びょういん》から消《き》える謎《なぞ》に挑戦《ちょうせん》する。ここに史上《しじょう》もっとも凸凹《デコボコ》な探偵団《たんていだん》が誕生《たんじょう》した！ シリーズ第《だい》1弾《だん》。

✣

凸凹探偵団《デコボコたんていだん》が、病院《びょういん》から誘拐《ゆうかい》された赤《あか》ちゃんをみごとに助《たす》け出《だ》すところが、いちばん好《す》きです。

びんぼうゆすりばっかりしている正太《しょうた》、婦人《ふじん》科《か》の息子《むすこ》の勇《いさむ》、正太《しょうた》の幼《おさな》なじみの千《ち》佳《か》。みんなそれぞれの個性《こせい》を持《も》っていて、とてもゆかいな3人組《にんぐみ》だなあと思《おも》いました。これからも、3人《にん》とそして写楽《しゃらく》ホームの住人《じゅうにん》たち（一人《ひとり》は元《もと》○○でビックリ！）で、いろいろな難事件《なんじけん》を解決《かいけつ》してくれるのが、楽《たの》しみです。

（兵庫県・神戸市立多聞台小学校・6年生
網本真有子・会員番号05524）

小4まで
小5
小6
中1
中2
中3
高校以上

少年《しょうねん》 H《エッチ》

作：妹尾河童

定価：本体 720 円（税別）
発行年：2002 年 6 月 25 日
出版社：講談社・青い鳥文庫
ISBN:4-06-148590-3
444 ページ

よんだ	もってる	5段階評価
□	□	1 2 3 4 5

AOITORI BUNKO
講談社 青い鳥文庫
少年H
（上巻）妹尾河童

少年H《しょうねんエッチ》は、毎日遊《まいにちあそ》ぶことに大《おお》いそがし。熱心《ねっしん》すぎるクリスチャンのお母《かあ》さんには参《まい》るけど、洋服仕立《ようふくした》て職人《しょくにん》のお父《とう》さん、やさしい妹《いもうと》、ゆかいな友《とも》だちに囲《かこ》まれる、楽《たの》しい毎日《まいにち》。それなのに最近《さいきん》、おかしなことが増《ふ》えてきた。……これって戦争《せんそう》のせい!?
60年前《ねんまえ》の日本《にほん》を少年《しょうねん》の目《め》で描《えが》いた、大《だい》ベストセラー。

✣

これは戦争《せんそう》のころの話《はなし》で、神戸《こうべ》大空襲《だいくうしゅう》のときのH《エッチ》の行動《こうどう》はすごいと思《おも》いました。ぬれたふとんをかぶり、すばやく行動《こうどう》していました。きっと自分《じぶん》がこの時代《じだい》に生《い》きていても、こんなにすばやくできなかったと思《おも》います。

この本《ほん》は、先生《せんせい》が授業中《じゅぎょうちゅう》に本《ほん》の題名《だいめい》をいったとき、読《よ》んでみようかなと思《おも》いました。戦争《せんそう》では、こんなに日本中《にほんじゅう》で大変《たいへん》なことが起《お》きていて、なぜ戦争《せんそう》なんて起《お》こったんだろう、と思《おも》いました。

（広島県・広島市立井口台小学校・6年生
山本侑生子・会員番号 06752）

そして五人《にん》がいなくなる

——名探偵《めいたんてい》夢水清志郎《ゆめみずきよしろう》事件《じけん》ノート——

作：はやみねかおる
絵：村田四郎

定価：本体 580 円（税別）
発行年：1994 年 12 月 15 日
出版社：講談社・青い鳥文庫
ISBN:4-06-147392-1
276 ページ

よんだ　もってる　５段階評価
□　□　1 2 3 4 5

夢水清志郎《ゆめみずきよしろう》は名探偵《めいたんてい》。表札《ひょうさつ》にも名刺《めいし》にも、ちゃんとそう書《か》いてある。だけど、ものわすれの名人《めいじん》で、自分《じぶん》がごはんを食《た》べたかどうかさえわすれちゃう。おまけに、ものぐさでマイペース。こんな名《めい》（迷《めい》）探偵《たんてい》が、つぎつぎに子《こ》どもを消《け》してしまう怪人《かいじん》「伯爵《はくしゃく》」事件《じけん》に挑戦《ちょうせん》すれば、たちまち謎《なぞ》は解決《かいけつ》……するわけない。笑《わら》いがいっぱいの謎解《なぞと》きミステリー。

✣

ぼくがこの本《ほん》を読《よ》んだきっかけは、誕生日《たんじょうび》です。その日《ひ》、ぼくは数冊《すうさつ》の青《あお》い鳥文庫《とりぶんこ》を買《か》ってもらいました。その中《なか》でとくにおもしろそうだったこの本《ほん》を、いちばん最初《さいしょ》に読《よ》みました。すると……。「クフフ、クフフ。」ぼくは笑《わら》いだしてしまいました。数多《かずおお》くの笑《わら》い、そしてとてもとても不思議《ふしぎ》な事件《じけん》（謎《なぞ》？）。これが、この本《ほん》の魅力《みりょく》です。読《よ》み終《お》えたら、きっとあなたも名探偵《めいたんてい》（気分《きぶん》）！

（大分県・大分市立金池小学校・６年生
夢水木くん・会員番号０５８３４）

空《そら》から降《ふ》ってきた猫《ねこ》のソラ

有珠山噴火《うすざんふんか》・動物救護《どうぶつきゅうご》センターの「天使《てんし》」

作：今泉耕介

定価：本体 1200 円（税別）
発行年：2002 年 7 月 15 日
出版社：ハート出版
ISBN:4-89295-271-0
140 ページ

よんだ　もってる　5段階評価

よんだ	もってる	1	2	3	4	5

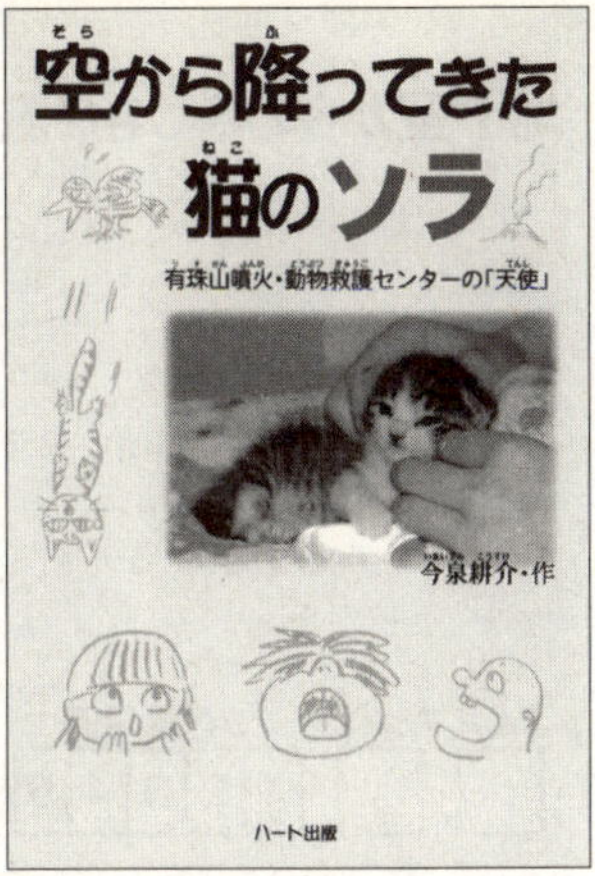

有珠山《うすざん》の噴火《ふんか》で取《と》り残《のこ》されたペットたちを救《すく》うため、ボランティア団体《だんたい》が動物救護《どうぶつきゅうご》センターを作《つく》りました。ある日《ひ》、空《そら》から降《ふ》ってきた生後間《せいごま》もない子猫《こねこ》の面倒《めんどう》をみるうちに、ギスギスしていたみんなの雰囲気《ふんいき》が、和《なご》やかになっていったのです……。有珠山《うすざん》復興《ふっこう》の陰《かげ》にあった感動《かんどう》のドラマ。

✣

有珠山《うすざん》が噴火《ふんか》したとき、生《う》まれた子《こ》ネコの話《はなし》です。子《こ》ネコはカラスにさらわれ、空《そら》から落《お》とされたのです。体中《からだじゅう》にキズがあり、ひどい状態《じょうたい》でした。運《はこ》ばれた救護《きゅうご》センターの受付《うけつけ》の憲江《のりえ》さんが世話《せわ》をしました。憲江《のりえ》さんは、空《そら》のように広《ひろ》い心《こころ》を持《も》つように、ソラと名《な》づけました。何日《なんにち》かたったある日《ひ》、ソラは小《ちい》さくミューと声《こえ》をだし、やがて元気《げんき》になりました。ひどい状態《じょうたい》だったソラを世話《せわ》した憲江《のりえ》さんは、やさしいと思《おも》いました。

（静岡県・静岡市立西豊田小学校・6年生
のんちゃん・会員番号 06035）

地下室《ちかしつ》からのふしぎな旅《たび》

作：柏葉幸子
絵：タケカワこう

定価：本体 580 円（税別）
発行年：1988 年 4 月 10 日
出版社：講談社・青い鳥文庫
ISBN:4-06-147240-2
250 ページ

よんだ　もってる　5段階評価
□　□　1 2 3 4 5

AOITORI BUNKO
講談社 青い鳥文庫
地下室からの
ふしぎな旅
柏葉幸子／作 タケカワこう／絵

人《ひと》けのない地下室《ちかしつ》に、黒《くろ》いマントの見知《みし》らぬ男《おとこ》！彼《かれ》の名《な》はヒポクラテス。となりの世界《せかい》から、土地《とち》の契《けい》約更新《やくこうしん》にやってきたのだった。

アカネとチィおばさんは、彼《かれ》につれられて地下室《ちかしつ》のかべをすりぬけ、となりの世界《せかい》の木《こ》の芽時《めどき》の国《くに》へ行《い》くはずだったが……。

アカネたちがくりひろげる、はらはら、ドキドキの冒険《ぼうけん》ファンタジー。

✣

「主人公《しゅじんこう》といっしょに冒険《ぼうけん》をしたい。」そんな願《ねが》いを持《も》ちながら読《よ》んだこの本《ほん》。私《わたし》のツボにはまった。

となりの世界《せかい》から、土地《とち》の契約更新《けいやくこうしん》に男《おとこ》と小《こ》人《びと》がやってくる。地下室《ちかしつ》の壁《かべ》をぬけると、そこは、「となりの世界《せかい》」だった。

アカネたちの冒険《ぼうけん》といっしょに、悩《なや》んだり、喜《よろこ》んだりできる、そんな本《ほん》です。

（愛知県・名古屋市立上野小学校・6年生
和田祐以子・会員番号 02751）

杜子春《とししゅん》・トロッコ・魔術《まじゅつ》

作：芥川龍之介
絵：つぼのひでお

定価：本体580円（税別）
発行年：1985年2月10日
出版社：講談社・青い鳥文庫
ISBN:4-06-147161-9
222ページ

よんだ　もってる　５段階評価

よんだ	もってる	1	2	3	4	5

仙人《せんにん》のおしえで、2度《ど》まで一夜《いちや》にして都《みやこ》で一番《ばん》の大金持《おおがねも》ちになった杜子春《とししゅん》。3度《ど》めに仙人《せんにん》にお願《ねが》いしたこととは――。名作《めいさく》「杜子春《とししゅん》」をはじめ、「くもの糸《いと》」「魔術《まじゅつ》」「仙人《せんにん》」「たばこと悪魔《あくま》」「白《しろ》」「龍《りゅう》」「鼻《はな》」「三つの宝《たから》」、ほか11編《へん》を収録《しゅうろく》。人間《にんげん》の幸《こう》と不幸《ふこう》、善《ぜん》と悪《あく》、心《こころ》のうつろいなどを描《えが》いた芥川龍之介《あくたがわりゅうのすけ》の短編集《たんぺんしゅう》。

✣

テストの問題文《もんだいぶん》で初《はじ》めて『くもの糸《いと》』に出会《であ》いました。ムリヤリ読《よ》まされたのに、物語《ものがたり》の世界《せかい》にどんどん引《ひ》き込《こ》まれて、続《つづ》きが読《よ》みたくなってしまったのです。

私《わたし》のいちばんのお気《き》に入《い》りは『杜子春《とししゅん》』という話《はなし》。人《ひと》の心《こころ》の貧《まず》しさを知《し》り、お金《かね》をもらわなかった杜子春《とししゅん》はエライ！　私《わたし》なら欲《よく》に目《め》がくらんでしまいそうだなあ。ムズカシそうな題《だい》が並《なら》んでいるけど、どの話《はなし》もおもしろいよ！

（千葉県・習志野市立谷津南小学校・６年生
山田奈央・会員番号０５１４２）

ともだちは海《うみ》のにおい

作：工藤直子
絵：長新太

定価：本体 1200 円（税別）
発行年：1984 年
出版社：理論社
ISBN:4-652-01222-5
228 ページ

よんだ　もってる　５段階評価
1 2 3 4 5

ともだちは海のにおい
工藤直子
長新太 絵

　さびしいくらい静《しず》かな夜《よる》、孤独《こどく》を愛《あい》するイルカとクジラが出会《であ》いました。体操好《たいそうず》きなイルカと、読書《どくしょ》が趣味《しゅみ》なクジラの、あたたかくやすらかな交流《こうりゅう》が、心地《ここち》よい文章《ぶんしょう》で語《かた》られます。短《みじか》い話《はなし》とたくさんの詩《し》と、ユーモアあふれるイラストとの楽《たの》しい世界《せかい》を作《つく》ります。

✣

　イルカとクジラが出会《であ》い、手紙《てがみ》のやりとりをしたり、いっしょに海《うみ》を散歩《さんぽ》したりして、友情《ゆうじょう》を深《ふか》めていくこの心温《こころあたた》まるお話《はなし》が、私《わたし》は大好《だいす》きです。友《とも》だちというのは、いつ、どこで、どんな風《ふう》にできるかわかりません。でも、友《とも》だちはとっても大切《たいせつ》な人《ひと》＝いなくてはいけない存在《そんざい》だと思《おも》います。このお話《はなし》では、そのことを伝《つた》えてくれていると思《おも》います。クジラの作《つく》った詩《し》には、ひとつひとつ気持《きも》ちが込《こ》めてあり、その言葉《ことば》ひとつひとつが心《こころ》にしみるお話《はなし》です。

（東京都・中央区立有馬小学校・６年生）
（田中美帆・会員番号０５３７７）

二十四《にじゅうし》の瞳《ひとみ》

作：壺井栄
絵：戸井昌造

定価：本体 580 円（税別）
発行年：1983 年 11 月 10 日
出版社：講談社・青い鳥文庫
ISBN:4-06-147127-9
260 ページ

よんだ	もってる	5段階評価				
		1	2	3	4	5

AOITORI BUNKO
講談社 青い鳥文庫
二十四の瞳《ひとみ》
壺井 栄／作 戸井昌造／絵

みさきの分教場《ぶんきょうじょう》に、わかい女《おんな》の先生《せんせい》が洋服《ようふく》を着《き》て、新《あたら》しい自転車《じてんしゃ》にのってきた。新米《しんまい》のおなご先生《せんせい》をいじめようと待《ま》ちぶせしていた子《こ》どもたちも、びっくり！先生《せんせい》が受《う》け持《も》った1年生《ねんせい》12人《にん》の瞳《ひとみ》は、希望《きぼう》と不安《ふあん》とでかがやいていた——瀬戸内海《せとないかい》の小《ちい》さな島《しま》を舞台《ぶたい》に、先《せん》生《せい》と生徒《せいと》との心温《こころあたた》まる生《い》き方《かた》を描《えが》いた名作《めいさく》。

✣

若《わか》い新任《しんにん》の女《おんな》の先生《せんせい》と12人《にん》の生徒《せいと》の交流《こうりゅう》の話《はなし》です。新任《しんにん》の大石先生《おおいしせんせい》は期待《きたい》と不安《ふあん》が入《い》り交《ま》じった思《おも》いで、今日《きょう》も自転車《じてんしゃ》で学校《がっこう》へ向《む》かいます。

のほほんとしたところや、生徒《せいと》が一生懸命《いっしょうけんめい》先《せん》生《せい》の所《ところ》におみまいに行《い》くところは、とてもすばらしいと思《おも》います。そして、二度《にど》と戦争《せんそう》などが起《お》きないようにうったえたいです。

私《わたし》はこの本《ほん》を読《よ》んでこの話《はなし》の舞台《ぶたい》である瀬戸《せと》内海《ないかい》の小豆島《しょうどしま》に行《い》きたくなりました。

（埼玉県・草加市立高砂小学校・6年生
あぐあ・会員番号 06443）

人形《にんぎょう》は笑《わら》わない

―名探偵夢水清志郎事件《めいたんていゆめみずきよしろうじけん》ノート―

作：はやみねかおる

絵：村田四郎

定価：本体 620 円（税別）
発行年：2001 年 8 月 24 日
出版社：講談社・青い鳥文庫
ISBN:4-06-148567-9
318 ページ

よんだ	もってる	5段階評価
		1 2 3 4 5

AOITORI BUNKO
講談社 青い鳥文庫
人形は笑わない
名探偵夢水清志郎事件ノート
はやみね かおる／作 村田四郎／絵

夢水《ゆめみず》名《めい》（迷《めい》）探偵《たんてい》は、雑誌《ざっし》の謎解《なぞと》き紀行《きこう》の取材《しゅざい》で毬《まり》音《ね》村《むら》へ。夜《よる》、歩《ある》きまわる人形《にんぎょう》たちのうわさは、ほんとうなのか？　人形作家《にんぎょうさっか》だった栗須寧人《くりすねいと》は、なぜ人形《にんぎょう》の塔《とう》を建《た》てたのか？

そして、その塔《とう》で3年《ねん》まえに起《お》こった謎《なぞ》めいた事件《じけん》の真相《しんそう》は？　――と、シリアスに展開《てんかい》するはずだったが、レーチたち文芸部映画《ぶんげいぶえいが》スタッフまでついてきて、いったいどうなる？　名探偵夢水清志郎事件《めいたんていゆめみずきよしろうじけん》ノート第《だい》9作《さく》！

✣

ものぐさで常識《じょうしき》ゼロの夢水《ゆめみず》が謎解《なぞと》き紀行《きこう》へ。肝《きも》だめしをしたら、歩《ある》く人形《にんぎょう》に会《あ》って大《おお》さわぎ!!　さらに、黒《くろ》いペンキの缶《かん》を亜衣《あい》が見《み》つけたが、ペンキがあった納屋《なや》は、燃《も》え落《お》ちてしまう。と、どんどんミステリーらしくなり、同時《どうじ》に、物語《ものがたり》にどんどんひきこまれていきます。笑《わら》い（ちょっぴり青春《せいしゅん》？）と謎《なぞ》と恐怖《きょうふ》がいっぱいです。

（東京都・江戸川区立第三松江小学校・6年生
smile・会員番号 03275）

ねらわれた学園《がくえん》

作：眉村卓
絵：緒方剛志

定価：本体620円（税別）
発行年：2003年7月15日
出版社：講談社・青い鳥文庫
ISBN:4-06-148623-3
260ページ

よんだ	もってる	5段階評価				
		1	2	3	4	5

生徒会長《せいとかいちょう》に立候補《りっこうほ》し、あざやかに当選《とうせん》してみせた、高見沢《たかみざわ》みちる。その魅力的《みりょくてき》な微笑《びしょう》とふしぎな力《ちから》によってしだいに学園《がくえん》の自由《じゆう》は奪《うば》われていく……!? 美《うつく》しい顔《かお》にかくされた彼女《かのじょ》の正体《しょうたい》と、真《しん》の狙《ねら》いはなんなのか? 何度《なんど》も映画化《えいがか》・テレビドラマ化《か》された、日本《にっぽん》SF《エスエフ》ジュブナイルの大傑作《だいけっさく》が青《あお》い鳥文庫《とりぶんこ》f《エフ》シリーズに登場《とうじょう》!

✣

この本《ほん》を気《き》に入《い》った理由《りゆう》は、高見沢《たかみざわ》みちるが、生徒会《せいとかい》に当選《とうせん》して、じょじょに学園《がくえん》を支配《しはい》していくが、2年《ねん》3組《くみ》は高見沢《たかみざわ》みちるやパトロール隊《たい》たちと戦《たたか》うからです。

高見沢《たかみざわ》みちるや、京極《きょうごく》たちは超能力《ちょうのうりょく》をもっているというのに、2年《ねん》3組《くみ》は負《ま》けなかった。

京極《きょうごく》は、未来《みらい》から来《き》て現代《げんだい》を変《か》えるために、この学園《がくえん》にやってきて、この学園《がくえん》を変《か》えることができるのかと思《おも》っていたので、びっくり。

（熊本県・八代市立八千把小学校・6年生
木本千晴・会員番号05873）

小4まで
小5
小6
中1
中2
中3
高校以上

パスワードのおくりもの

―パソコン通信探偵団《つうしんたんていだん》事件《じけん》ノート2―

作：松原秀行

絵：梶山直美

定価：本体 580 円（税別）
発行年：1996 年 7 月 20 日
出版社：講談社・青い鳥文庫
ISBN:4-06-148444-3
270 ページ

よんだ　もってる　5段階評価

□　□　1 2 3 4 5

AOITORI BUNKO
講談社 青い鳥文庫
パスワードのおくりもの
―パソコン通信探偵団事件ノート2―
松原秀行／作　梶山直美／絵

小4まで
小5
小6
中1
中2
中3
高校以上

改《あら》めて紹介《しょうかい》するけど、ボク（マコト）と飛鳥《あすか》、ダイ、みずき。さらに新会員《しんかいいん》のまどかは、「パソコン通信探偵《つうしんたんてい》団《だん》」の5人組《にんぐみ》だ。おっと、忘《わす》れちゃいけない。ボスは頭脳明晰《ずのうめいせき》で冷静《れいせい》なネロ。ワープロの絵《え》や記号《きごう》でつくったパズルの謎解《なぞと》きで、もりあがっていたけど、あるとき、「天使《てんし》の館《やかた》事件《じけん》」が起《お》こった！　その事件《じけん》の裏《うら》には心《こころ》あたたまる純愛話《じゅんあいばなし》がひそんでいたんだ。

✣

ミステリーに興味《きょうみ》はありませんでした。けど、本屋《ほんや》でふと見《み》つけて、買《か》ってみたら、パズルのとりこになっていました。おもしろくて、ためになる。そんなパスワードシリーズの中《なか》でも大好《だいす》きなのが、この本《ほん》です。電子探偵団《でんしたんていだん》が体験《たいけん》したちょっと不思議《ふしぎ》な事件《じけん》がたくさん入《はい》っています。中《なか》でも「切《き》り裂《さ》かれた版画《はんが》」という事件《じけん》が好《す》きです。内《ない》容《よう》はひ・み・つ。読《よ》みだしたら止《と》まらないはず。

（福島県・郡山市立富田小学校・6年生
柳葉鈴・会員番号 06116）

パスワード幽霊《ゆうれい》ツアー

——パソコン通信探偵団《つうしんたんていだん》事件《じけん》ノート13——

作：松原秀行

絵：梶山直美

定価：本体620円（税別）

発行年：2003年3月15日

出版社：講談社・青い鳥文庫

ISBN:4-06-148609-8

278ページ

よんだ	もってる	5段階評価
□	□	1 2 3 4 5

AOITORI BUNKO
講談社 青い鳥文庫
魔法都市外伝
パスワード幽霊ツアー
パソコン通信探偵団事件ノート13
松原秀行／作　梶山直美／絵

「伯爵《はくしゃく》」事件《じけん》も解決《かいけつ》して、ロンドン観光《かんこう》に出《で》かけた電《でん》子《し》探偵団《たんていだん》の面々《めんめん》。ところがハプニング発生《はっせい》で、マコトが迷子《まいご》に。さらにマコトに、のろわれた一族《いちぞく》に関《かん》する奇妙《きみょう》な依頼《いらい》がもちこまれる。一方《いっぽう》、探偵団《たんていだん》のほうは恐怖《きょうふ》のポルターガイスト騒動《そうどう》にまきこまれてしまう。それぞれの事件《じけん》の意外《いがい》な真相《しんそう》とは？　暗号《あんごう》まんさい、パズルもたっぷり、ロンドン編待望《へんたいぼう》の第《だい》2弾《だん》はスリル満点《まんてん》、ノンストップで展開《てんかい》するぞ!!

✣

ロンドンでマコトが迷子《まいご》になってしまう。探偵《たんてい》団《だん》の他《ほか》のメンバーは、ポルターガイスト騒動《そうどう》にまきこまれてしまった。じつはこの2つの事件《じけん》に、少《すこ》しずつ関連《かんれん》が見《み》つかってくるんです。その関連《かんれん》とは？　考《かんが》えると、すっごくドキドキするんです！　本《ほん》を読《よ》むのが苦手《にがて》な人《ひと》でも、しだいに物語《ものがたり》に引《ひ》きこまれていくから、ちゃんと読《よ》み終《お》えられます。

（福岡県・福岡市立鳥飼小学校・6年生
キョン・会員番号04964）

ひとつの装置《そうち》

ショートショート傑作選《けっさくせん》2

作：星新一

絵：あきやまただし

定価：本体580円（税別）

発行年：2002年10月15日

出版社：講談社・青い鳥文庫

ISBN:4-06-148601-2

242ページ

よんだ	もってる	5段階評価
		1 2 3 4 5

AOITORI BUNKO
講談社 青い鳥文庫
ひとつの装置
ショートショート傑作選2
星 新一／作　あきやまただし／絵

カメラをむければ、事件《じけん》がおこる！　サエないテレビ局員《きょくいん》の息子《むすこ》のために博士《はかせ》が作《つく》った発明品《はつめいひん》がおこす珍《ちん》騒動《そうどう》（ごたごた気流《きりゅう》）／平和《へいわ》な星《ほし》から届《とど》いたすばらしい贈《おく》り物《もの》とは？（繁栄《はんえい》の花《はな》）／見知《みし》らぬ青年《せいねん》から「包《つつ》み」を預《あず》かった画家《がか》に訪《おとず》れた意外《いがい》な運命《うんめい》（包《つつ》み）／などユーモラスで切《き》れ味《あじ》の鋭《するど》い14作《さく》を掲載《けいさい》。大人気《だいにんき》にお応《こた》えする星新一《ほししんいち》のショートショート傑作選第《けっさくせんだい》2弾《だん》です。

✣

この本《ほん》を買《か》ったきっかけは、書名《しょめい》の独特《どくとく》さです。「ひとつの装置《そうち》」ってなんだろうと興味《きょうみ》をもち、本《ほん》を買《か》いました。書名《しょめい》だけでなく、内容《ないよう》もユーモアがあふれていて、ますます好《す》きになりました。一つの作品《さくひん》が4～30ページくらいで、短《みじか》い文《ぶん》の中《なか》にワクワクしてしまう展開《てんかい》や、思《おも》いもしなかった結末《けつまつ》がしっかり入《はい》っているので最高《さいこう》です。みなさんも『ひとつの装置《そうち》』を読《よ》んでみてください。

（千葉県・館山市立館野小学校・6年生
飯田和冴・会員番号　06812）

おーい　でてこーい

ショートショート傑作選《けっさくせん》

作：星新一
選：加藤まさし
絵：あきやまただし

定価：本体 620 円（税別）
発行年：2001 年 3 月 15 日
出版社：講談社・青い鳥文庫
ISBN:4-06-148552-0
262 ページ

よんだ	もってる	5段階評価				
		1	2	3	4	5

あなたはショートショートって知《し》っていますか？　すごく短《みじか》くて、ラストには奇想天外《きそうてんがい》などんでん返《がえ》しのある小説《しょうせつ》のことです。星新一《ほししんいち》は、そのショートショートの天才《てんさい》です。生涯《しょうがい》に１０００編以上《へんいじょう》も書《か》いた、その作品《さくひん》は、どれもこれもおもしろいのですが、中《なか》から14作品《さくひん》を選《よ》りすぐりました。すぐ読《よ》めて、ながく楽《たの》しめる星新一《ほししんいち》の世界《せかい》にどうぞハマってください！

✣

ぼくは『ひとつの装置《そうち》』を読《よ》んだあと、星《ほし》ワールドにとりつかれたように、この本《ほん》も買《か》いました。やはりユーモアあふれたこの本《ほん》には、「羽衣《はごろも》」という作品《さくひん》があります。これは一人《ひとり》の女性《じょせい》がタイムマシンで数千年前《すうせんねんまえ》にさかのぼって、数々《かずかず》のドラマを生《う》みます。このような話《はなし》に興味《きょうみ》を持《も》っていたので、しっかり読《よ》みました。未来《みらい》を題材《だいざい》とした作品《さくひん》がたくさんあるので、読《よ》んでみてください。

（千葉県・館山市立館野小学校・６年生
飯田和冴・会員番号　０６８１２）

小4まで
小５
小６
中１
中２
中３
高校以上

亡霊《ゴースト》は夜《よる》歩《ある》く
―名探偵《めいたんてい》夢水清志郎《ゆめみずきよしろう》事件《じけん》ノート―

作：はやみねかおる
絵：村田四郎

定価：本体 580 円（税別）
発行年：1994 年 2 月 15 日
出版社：講談社・青い鳥文庫
ISBN:4-06-148405-2
294 ページ

よんだ　もってる　５段階評価

よんだ	もってる	1	2	3	4	5

AOITORI BUNKO
講談社 青い鳥文庫
亡霊は夜歩く
ゴースト
名探偵夢水清志郎事件ノート
はやみね かおる／作　村田四郎／絵

亜衣《あい》・真衣《まい》・美衣《みい》が通《かよ》う虹北学園《こうほくがくえん》には、４つの伝説《でんせつ》がある――「時計塔《とけいとう》の鐘《かね》が鳴《な》ると、人《ひと》が死《し》ぬ。」「夕暮《ゆうぐ》れどきの大《おお》イチョウは人《ひと》を喰《く》う。」「校庭《こうてい》の魔法円《まほうえん》に人《ひと》がふる。」「幽霊坂《ゆうれいざか》に霧《きり》がかかると、亡霊《ぼうれい》がよみがえる。」そしてある日《ひ》、こわれているはずの時計塔《とけいとう》の鐘《かね》が鳴《な》りひびき、『亡霊《ゴースト》』事件《じけん》のはじまりを告《つ》げた……。名探偵《めいたんてい》夢水清志郎《ゆめみずきよしろう》事件《じけん》ノートの第《だい》2作《さく》。

✣

あの人《ひと》が犯人《はんにん》かなーと思《おも》ったけど、意外《いがい》な展開《てんかい》だったから、おもしろかった。教授《きょうじゅ》は気楽《きらく》に旅行《りょこう》して、亜衣《あい》が電話《でんわ》をしても「大丈夫《だいじょうぶ》。」とか言《い》ってるだけで、私《わたし》もいい気《き》なもんだなーと思《おも》った。亜衣《あい》が中華料理《ちゅうかりょうり》を食《た》べに行《い》くまえに、みんなにおなかをいっぱいにさせられてびっくりした。けど、それは締《し》め切《き》りで頭《あたま》がいっぱいだったからだ。そのへんがおもしろいんだよね。大大大好《だいだいだいす》き！

（京都府・向日市立第２向陽小学校・６年生
ｍｉｋａｎ・会員番号０６５９８）

小4まで
小5
小6
中1
中2
中3
高校以上

小4まで
小5
小6
中1
中2
中3
高校以上

ぼくたちの家出《いえで》

作：浜野卓也
絵：堀川真

定価：本体 1000 円（税別）
発行年：1999 年 7 月
出版社：偕成社
ISBN:4-03-610130-7
174 ページ

よんだ　もってる　5段階評価
□　□　1 2 3 4 5

熊井《くまい》先生《せんせい》が、小学生《しょうがくせい》だったころの話《はなし》をきいて、5年《ねん》2組《くみ》のクラスのなかの3人《にん》が、家出《いえで》をきめた。花井健《はないけん》は、「青《あお》い鳥《とり》」をさがしに、三田定一《みたていいち》は、「たった一人《ひとり》の冒険《ぼうけん》」をもとめて、諸井久美《もろいくみ》は「親友《しんゆう》のうらぎり」に腹《はら》をたてて……そして、それぞれが、大切《たいせつ》ななにかをみつける。

✣

「こんな家《いえ》、出《で》てってやる！」って思《おも》うときってありませんか？　でも、それを実行《じっこう》できない私《わたし》。
この本《ほん》に出《で》てくる3人《にん》の子《こ》どもたちは、家出《いえで》を実行《じっこう》しちゃうんです。すごい。読《よ》んでいると、私《わたし》もこんなことやってみた～いって思《おも》うんですよねえ。（笑）
3人《にん》の子《こ》どもたちの冒険《ぼうけん》。きっと心《こころ》をひかれますよ。

（大阪府・大阪市立城東小学校・6年生
中西宣子・会員番号 06061）

名探偵《めいたんてい》ホームズ 三年後《ねんご》の生還《せいかん》

作：アーサー＝コナン＝ドイル
訳：日暮まさみち
絵：若菜等 +Ki

定価：本体 530 円（税別）
発行年：2001 年 2 月 26 日
出版社：講談社・青い鳥文庫
ISBN:4-06-148550-4
190 ページ

よんだ もってる 5段階評価

よんだ	もってる	1	2	3	4	5

ロンドンで、つぎつぎにおきる殺人事件《さつじんじけん》。「ホームズの死《し》が、社会《しゃかい》にとって、いかに大《おお》きな損失《そんしつ》だったか、いまさらながら、いたいほど感《かん》じられた。この事件《じけん》も、あのヨーロッパ一《いち》の名探偵《めいたんてい》の観察力《かんさつりょく》と、するどい頭脳《ずのう》があれば……。」となげくワトソンの目《め》の前《まえ》に、ある日《ひ》、ホームズが！

✣

ぼくがこの本《ほん》を好《す》きな理由《りゆう》は、ホームズのがけの上《うえ》での死闘《しとう》の話《はなし》や、ワトソンとのユニークな再会《さいかい》が、とてもおもしろいからです。その再会《さいかい》のしかたを知《し》りたい人《ひと》は、『三年後《ねんご》の生還《せいかん》』を買《か》って、今《いま》すぐ読《よ》んでください。とてもおもしろいですよ。

もし気《き》に入《い》ったら、他《ほか》の本《ほん》も読《よ》んでみてください。読《よ》まないと損《そん》。推理《すいり》ものが好《す》きな人《ひと》、興味《きょうみ》のある人《ひと》は、ぜひ、読《よ》んでください。ちなみにぼくは、全《ぜん》14巻中《かんちゅう》、10巻《かん》読《よ》みました。

（埼玉県・入間市立東金子小学校・6年生
倉田瑛広・会員番号 060034）

盲導犬《もうどうけん》クイールの一生《いっしょう》

作：石黒謙吾
写真：秋元良平

定価：本体1429円（税別）
発行年：2001年4月10日
出版社：文藝春秋
ISBN:4-16-357260-0
151ページ

よんだ	もってる	5段階評価				
		1	2	3	4	5

ラブラドール・レトリーバー、クイールの、生《う》まれた瞬間《しゅんかん》から、盲導犬《もうどうけん》として活躍《かつやく》し、穏《おだ》やかな最期《さいご》を迎《むか》えるまでの一生《いっしょう》。数多《かずおお》くの写真《しゃしん》が、クイールの魅力《みりょく》、盲導犬《もうどうけん》の働《はたら》きを伝《つた》える、静《しず》かな感動《かんどう》の記録《きろく》です。盲導《もうどう》犬《けん》は、ただ道《みち》を教《おし》えてくれるだけではなく、気持《きも》ちを明《あか》るくしてくれる友《とも》だちなのです。

✣

この本《ほん》はクイールというイヌの本《ほん》で、写真《しゃしん》もたくさん載《の》っているので、イヌ好《ず》きの人《ひと》にはおすすめです。

私《わたし》は、人《ひと》の言葉《ことば》がわかるようなクイールが好《す》きになりました。そして、人《ひと》のために働《はたら》いて、すてきなパートナーになったクイールにとても感動《かんどう》しました。別《わか》れもたくさんあり、最後《さいご》には死《し》んでしまうので、泣《な》けてくる場面《ばめん》もありますが、おもしろいので、ぜひ読《よ》んでみてください。

（愛知県・名古屋市立旗屋小学校・6年生
寺澤侑希子・会員番号04358）

約《やく》束《そく》

作：村山由佳
絵：はまのゆか

定価：本体 1600 円（税別）
発行年：2001 年 7 月 10 日
出版社：集英社
ISBN:4-08-774545-7
94 ページ

よんだ	もってる	5段階評価				
		1	2	3	4	5

昭和《しょうわ》61年《ねん》。ワタル、小学《しょうがく》4年生《ねんせい》。いつもつるんで遊《あそ》んでいたヤンチャが、原因不明《げんいんふめい》の病気《びょうき》になった。またいっしょに遊《あそ》ぶため、なんとかして助《たす》けよう。ワタルたち3人《にん》は奮闘《ふんとう》を始《はじ》める。彼《かれ》らの真剣《しんけん》な願《ねが》いは、かなえられるのか？　友《とも》だちと固《かた》く交《か》わした約束《やくそく》は、時《とき》を超《こ》え、今《いま》、果《は》たされようとしている。

✣

ヤンチャという親友《しんゆう》を助《たす》けるための方法《ほうほう》を、必《ひっ》死《し》で考《かんが》える3人《にん》。ハム太《た》とワタルとノリオ。タイムマシンを作《つく》ろうと考《かんが》えた。みごとにできあがった。なのに動《うご》かない。もちろん未来《みらい》にも行《い》けない。優秀《ゆうしゅう》な医者《いしゃ》を連《つ》れてきて、ヤンチャの病気《びょうき》を治《なお》す作戦《さくせん》は失敗《しっぱい》に終《お》わる。けれど、親《しん》友《ゆう》のために必死《ひっし》で尽《つ》くす3人《にん》の姿《すがた》に強《つよ》く心《こころ》を打《う》たれた。0.000001%の可能性《かのうせい》にかけた3人《にん》の思《おも》い。それがひしひしと伝《つた》わってきたからだ。

（千葉県・千葉市立小中台小学校・6年生
平吹萌・会員番号 04932）

床下《ゆかした》の小人《こびと》たち

作：メアリー・ノートン
訳：林容吉

定価：本体680円（税別）
発行年：1956年3月20日
出版社：岩波書店・岩波少年文庫
ISBN:4-00-114062-4
274ページ

よんだ　もってる　5段階評価
□　□　1 2 3 4 5

イギリスの古風《こふう》な家《いえ》の床下《ゆかした》に住《す》む小人《こびと》の一家《いっか》。暮《く》らしに必要《ひつよう》なものはすべて、こっそり人間《にんげん》から借《か》りていましたが、ある日《ひ》、その家《いえ》の男《おとこ》の子《こ》に姿《すがた》を見《み》られてしまいます――カーネギー賞《しょう》を受賞《じゅしょう》した「小人《こびと》シリーズ」の第《だい》1作《さく》。

母《はは》が小《しょう》5のときの、愛読書《あいどくしょ》だそうです。「ミニチュアの好《す》きな女《おんな》の子《こ》だったら好《す》きになると思《おも》うよ。」というのが母《はは》の推薦《すいせん》の言葉《ことば》。

歯車《はぐるま》とじょうごのだんろや、すいとり紙《がみ》のじゅうたん、木戸《きど》のかけがねが安全《あんぜん》ピン。小人《こびと》たちの生活《せいかつ》を想像《そうぞう》すると、私《わたし》もそのかわいいおうちに入《はい》ってみたいなぁと思《おも》えてきます。そして将来《しょうらい》、私《わたし》の子《こ》どもに言《い》おうと思《おも》います。「ミニチュアの好《す》きな女《おんな》の子《こ》なら好《す》きになるよ。」って。

（千葉県・習志野市立谷津南小学校・6年生
山田奈央・会員番号05142）

若《わか》草《くさ》物《もの》語《がたり》

作：ルイザ＝メイ＝オルコット
訳：中山知子
絵：徳田秀雄

定価：本体 580 円（税別）
発行年：1985 年 7 月 10 日
出版社：講談社・青い鳥文庫
ISBN:4-06-147177-5
268 ページ

よんだ　もってる　５段階評価
□　□　1 2 3 4 5

マーチ家《け》の4姉妹《しまい》――長女《ちょうじょ》のメグ、次女《じじょ》ジョー、三《さん》女《じょ》ベス、末《すえ》っ子《こ》のエミーの4人《にん》は、南北戦争《なんぼくせんそう》のために出《で》かけている父《ちち》のるすを守《まも》る母《はは》の愛情《あいじょう》につつまれて、貧《まず》しくても温《あたた》かい家庭《かてい》で楽《たの》しく暮《く》らしていたが……。平凡《へいぼん》な家庭《かてい》の1年間《ねんかん》の姉妹《しまい》の生活《せいかつ》を、作者《さくしゃ》自身《じしん》の少女《しょうじょ》時代《じだい》の話《はなし》をおりまぜて描《えが》いた名作《めいさく》。

✣

私《わたし》は、4人《にん》の中《なか》でジョーがいちばん好《す》きです。ジョーは、戦地《せんち》に出《で》かけるお母《かあ》さんのための資金《しきん》づくりに、自慢《じまん》の栗色《くりいろ》の髪《かみ》を短《みじか》く切《き》って売《う》ります。自分《じぶん》の大切《たいせつ》な髪《かみ》を切《き》るのはとてもつらかっただろうに、それでも髪《かみ》を切《き》ったジョーはすごくやさしいと思《おも》ったし、かっこいいとも思《おも》いました。

いつも4人《にん》がいっしょに喜《よろこ》んだり、悲《かな》しんだり、どんなに苦《くる》しいことも協力《きょうりょく》して乗《の》り越《こ》えていく姿《すがた》に感動《かんどう》しました。

（石川県・金沢市立三和小学校・6年生
倉さくら・会員番号 02784）

吾輩《わがはい》は猫《ねこ》である

作：夏目漱石
絵：村上豊

定価：本体 670 円（税別）
発行年：1985 年 9 月 10 日
出版社：講談社・青い鳥文庫
ISBN:4-06-147182-1
372 ページ

よんだ □　もってる □　5段階評価 1 2 3 4 5

中学《ちゅうがく》の英語教師《えいごきょうし》で、なんにでもよく手《て》を出《だ》したがる、胃弱《いじゃく》の珍野苦沙弥先生《ちんのくしゃみせんせい》と、その家《いえ》に出入《でい》りする美学者《びがくしゃ》迷亭《めいてい》、教《おし》え子《ご》の水島寒月《みずしまかんげつ》、詩人志望《しじんしぼう》の越智東風《おちとうふう》など——明治《めいじ》の人間社会《にんげんしゃかい》を、飼《か》い猫《ねこ》の目《め》をとおして、ユーモラスに諷刺《ふうし》した、漱石《そうせき》の最初《さいしょ》の長編小説《ちょうへんしょうせつ》。

✣

「ネコはいいよなぁー。一日中寝《いちにちじゅうね》てられて。」一度《いちど》ぐらいは思《おも》ったことがあるでしょう。

でもネコがもし、しゃべったら、「一日中寝《いちにちじゅうね》ていたいんだったら、寝《ね》てればいいのに。」と言《い》うでしょう。ネコの視点《してん》から見《み》ると、なんだか自分《じぶん》がやってることがばかばかしく思《おも》えてきます。この物語《ものがたり》を読《よ》んで、自分《じぶん》を別《べつ》の視点《してん》からいろいろ見《み》てみると、新《あたら》しい進《すす》む道《みち》が見《み》えてくるかもしれません。ぜひ『吾輩《わがはい》は猫《ねこ》である』を読《よ》んでみてください!!

（佐賀県・福富町立福富小学校・6年生
片渕大嗣・会員番号 06125）

ねらわれた街《まち》

―テレパシー少女《しょうじょ》「蘭《らん》」事件《じけん》ノート―

作：あさのあつこ

絵：塚越文雄

定価：本体580円（税別）
発行年：1999年3月15日
出版社：講談社・青い鳥文庫
ISBN:4-06-148501-6
238ページ

よんだ　もってる　５段階評価

よんだ	もってる	1	2	3	4	5

蘭《らん》は超能力《ちょうのうりょく》を持《も》っている。といっても、本人《ほんにん》にその自覚《じかく》はあまりない。ところが、転校生《てんこうせい》の翠《みどり》と知《し》りあって以来《いらい》、背《せ》すじがぞっとするような視線《しせん》を感《かん》じたり、謎《なぞ》の怪人《かいじん》におそわれたりと、おかしなことがおこったため、のんきな蘭《らん》も、ついに調査《ちょうさ》にのりだした。事件《じけん》のむこうに見《み》えた真実《しんじつ》とはなにか？　そして超能力対《ちょうのうりょくたい》決《けつ》の結末《けつまつ》は？　蘭《らん》とユニークな仲間《なかま》たちが活躍《かつやく》するS《エス》F《エフ》ミステリー。

✣

蘭《らん》と翠《みどり》のテレパシーの力《ちから》がスゴイなーと思《おも》いました。私《わたし》にそんな力《ちから》があれば、人《ひと》の心《こころ》をのぞくことはなかなかできないけど、なにかと便利《べんり》な時《とき》があるかも、と思《おも》ってしまいます。でも……テレパシーの力《ちから》ってこわい気《き》もしてしまいます。

テレパシーに興味《きょうみ》がある人《ひと》は、読《よ》んでみてね。テレパシー少女《しょうじょ》2人《ふたり》の会話《かいわ》もサイコー！

（大阪府・岸和田市立八木小学校・6年生
土井みなみ・会員番号06067）

読者のみなさまへ

ATSUKO ASANO

この本《ほん》に出会《であ》って

あさのあつこ

みなさん、こんにちは。あさのです。わたしは、大《おお》きな声《こえ》では言《い》えないのですが、自分《じぶん》の読書体験《どくしょたいけん》を聞《き》かれるたびに、いつも、ちょっとだけ戸惑《とまど》ったりします。

わたしは、岡山県《おかやまけん》の北東部《ほくとうぶ》の小《ちい》さな町《まち》で生《う》まれ育《そだ》ちました。なにしろ、道《みち》にサルが出《で》てくるようなところなので、山《やま》あり谷《たに》あり洞窟《どうくつ》ありと、冒険遊《ぼうけんあそ》びには事欠《ことか》かない環境《かんきょう》でした。りっぱな図書館《としょかん》も司書《ししょ》の先生《せんせい》も身近《みぢか》には存在《そんざい》しなくて、ともかく毎日《まいにち》、遊《あそ》びまくってました。子《こ》どものわたしにとって、「本《ほん》」というのは、特別《とくべつ》なもの、あまりにも縁遠《えんどお》いものでしかなかったのです。

そんな遊《あそ》び人《にん》(?)のわたしの心《こころ》を揺《ゆ》らし、「本《ほん》への扉《とびら》を開《ひら》いてくれたのが、中学生《ちゅうがくせい》のときに読《よ》んだというか、めぐりあえた「シャーロック・ホームズ全集《ぜんしゅう》」でした。創元推理文庫《そうげんすいりぶんこ》という文庫版《ぶんこばん》の、つまり一般用《いっぱんよう》の本《ほん》でした。読《よ》むことに慣《な》れていない少女《しょうじょ》のわたしが、挿絵《さしえ》もないびっしりと字《じ》の並《なら》んだ一般用《いっぱんよう》の文庫《ぶんこ》をふと手《て》に取《と》ったのも、のめりこんで読《よ》んだのも不思議《ふしぎ》といえば不思議《ふしぎ》なことです。夢中《むちゅう》になるということを、このとき、初《はじ》めて体験《たいけん》しました。たかが一冊《さつ》の本《ほん》に、心《こころ》を奪《うば》われ、現実《げんじつ》を忘《わす》れ、時《とき》を忘《わす》れ、自分《じぶん》さえ忘《わす》れてしまいました。

シャーロック・ホームズは、あまりに有名《ゆうめい》な物語《ものがたり》です。「もう全部《ぜんぶ》、読《よ》んじゃったよ」という人《ひと》もたくさんいるでしょう。

けれど、わたしにとっては唯一《ゆいいつ》の特別《とくべつ》な物語《ものがたり》になりました。そうなんです。中学生《ちゅうがくせい》のわたしは、無我夢中《むがむちゅう》で読《よ》み浸《ひた》り、霧《きり》の街《まち》や古《ふる》い屋敷《やしき》や数々《かずかず》の不思議《ふしぎ》な事件《じけん》から、ふっと現実《げんじつ》にもどったとき、明《あき》らかに以前《いぜん》とは違《ちが》っていました。一冊《さつ》の本《ほん》を読《よ》む前《まえ》と読《よ》んだ後《あと》で大《おお》きな変化《へんか》があったのです。わたしは「本《ほん》」というものが、「物語《ものがたり》」と呼《よ》ばれるものが、快感《かいかん》の宝《ほう》庫《こ》だということを知《し》りました。こんなおもしろいものがあるんだ！　わたしは、それを手《て》に入《い》れた！　って叫《さけ》びたい気持《きも》ちでした。そして、将来《しょうらい》、絶対《ぜったい》、作家《さっか》になろうと決《き》めたのです。読《よ》む人《ひと》が、全《すべ》てを忘《わす》れるような物語《ものがたり》を書《か》こうと決《き》めました（まだ13歳《さい》でしたから、大《だい》胆《たん》な決意《けつい》ができたわけです）。それからは、おもに海外《かいがい》のミステリーを中心《ちゅうしん》に読《よ》みあさりました。とくにD《ディクスン》・カーとE《エラリー》・クイーンの作品《さくひん》はおすすめです。もう古《こ》典《てん》の部《ぶ》類《るい》でしょうが、そのスリル、謎《なぞ》解《と》き、人《にん》間《げん》への眼《まな》差《ざ》し、おもしろさ、ちっとも色《いろ》褪《あ》せてないです。みなさん、「本《ほん》」には、ときに、読《よ》んだ人《ひと》の人生《じんせい》を変《か》えるほどの力《ちから》があります。世《せ》界《かい》って広《ひろ》いって思《おも》っちゃいます。無《む》理《り》に読《よ》むことなんてないけど、楽《たの》しく、自《じ》由《ゆう》に生《い》きるためにぜひ、大《だい》好《す》きな一冊《さつ》を手《て》に入《い》れてくださいね。書《か》き手《て》として、大人《おとな》として、本《ほん》好《ず》きの仲《なか》間《ま》として、心《こころ》より願《ねが》っています。

中１
おすすめの本

あやかし修学旅行　鵺のなく夜
アルバートおじさんのミクロの国の冒険
イソップ
“It”（それ）と呼ばれた子（幼年期）
いつも心に好奇心！
うしろの正面だあれ
海底２万マイル
ガラスのうさぎ
クビキリサイクル　青色サヴァンと戯言遣い
クレヨン王国いちご村
十二番目の天使
少年名探偵　虹北恭助の冒険
タートル・ストーリー
翼をください
透明人間
友よ
西の善き魔女１　セラフィールドの少女
パスワード vs. 紅カモメ
バッテリー
ふつうの学校
フレディ　世界でいちばんかしこいハムスター
HELP!　キレる子どもたちの心の叫び
窓ぎわのトットちゃん
『ミステリーの館』へ、ようこそ
MISSING
ラッキーチャーム１
ルパン対ホームズ
レッドウォール伝説　モスフラワーの森
私の中に何かがいる
坊っちゃんは名探偵！

わくわくする本

あやかし修学旅行《しゅうがくりょこう》

鵺《ぬえ》のなく夜《よ》

――名探偵夢水清志郎事件《めいたんていゆめみずきよしろうじけん》ノート――

作：はやみねかおる
絵：村田四郎

定価：本体 670 円（税別）
発行年：2003 年 7 月 18 日
出版社：講談社・青い鳥文庫
ISBN:4-06-148621-7
350 ページ

よんだ	もってる	5段階評価
		1 2 3 4 5

虹北学園《こうほくがくえん》の修学旅行先《しゅうがくりょこうさき》が決《き》まった。目的地《もくてきち》はO県《オーけん》T市《ティーし》。そこには、龍神《りゅうじん》や鵺《ぬえ》の伝説《でんせつ》と不思議《ふしぎ》な石《いし》の話《はなし》が残《のこ》っていて、楽《たの》しい旅《たび》になるはずだった。ところが、「修学旅行《しゅうがくりょこう》を中止《ちゅうし》せよ　鵺《ぬえ》」という手紙《てがみ》が学校《がっこう》にとどき、なんだかあやしい雲行《くもゆ》きに……。

校長《こうちょう》の代理《だいり》で同行《どうこう》することになった夢水《ゆめみず》だが、修学《しゅうがく》旅行《りょこう》から無事《ぶじ》に帰《かえ》ってこれるのだろうか？　お待《ま》ちかねの、シリーズ第《だい》11作《さく》！

✣

虹北学園《こうほくがくえん》の修学旅行《しゅうがくりょこう》は、ふつうとは少《すこ》し違《ちが》う。実行委員《じっこういいん》がとても苦労《くろう》するというウワサ。みんなワクワク修学旅行《しゅうがくりょこう》。でも脅迫状《きょうはくじょう》は届《とど》くし、教授《きょうじゅ》もついてくるし、無事《ぶじ》に帰《かえ》ってこれるかな？

中《ちゅう》1の私《わたし》には2年後《ねんご》の修学旅行《しゅうがくりょこう》がさらに楽《たの》しみになる、ワクワクの大《おお》きくなる作品《さくひん》です。

読《よ》めばあなたも、修学旅行《しゅうがくりょこう》の気分《きぶん》!?

（神奈川県・茅ケ崎市立梅田中学校・1年生
吉村綾子・会員番号 03922）

アルバートおじさんの
ミクロの国《くに》の冒険《ぼうけん》

作：ラッセル・スタナード
訳：岡田好恵
絵：平野恵理子

定価：本体 1262 円（税別）
発行年：1996 年 7 月 10 日
出版社：くもん出版
ISBN:4-7743-0033-0
224 ページ

よんだ　もってる　5段階評価
□　□　1 2 3 4 5

　アルバートおじさんの研究《けんきゅう》を手伝《てつだ》って、〝すべての物《ぶっ》質《しつ》はなんでできているのか〟を調《しら》べることになったゲダンケンは、こんどはなんと、あのアリスの〈ふしぎの国《くに》〉へ送《おく》りこまれてしまった！　そこでは、女王《じょおう》さまの命令《めいれい》で、〈分子《ぶんし》〉を〈原子《げんし》〉に分解《ぶんかい》しているまっ最中《さいちゅう》。ゲダンケンは、さっそく〈原子《げんし》〉の観察《かんさつ》をはじめた……。女王《じょおう》さまの科学長官《かがくちょうかん》になった白《しろ》うさぎやチェシャネコも登場《とうじょう》し、〈量子《りょうし》の世界《せかい》〉を探求《たんきゅう》する科学《かがく》ファンタジー。

✣

「一石二鳥《いっせきにちょう》。」第一印象《だいいちいんしょう》はこの言葉《ことば》でした。アルバートおじさんとゲダンケンの新《あたら》しい発見《はっけん》の数《かず》数《かず》。さりげなく勉強《べんきょう》できる。いつのまにか覚《おぼ》えてる。なおかつおもしろい！　科学《かがく》のことが読《よ》んでるだけでわかっちゃう！　そんな本《ほん》です。科学《かがく》が嫌《きら》いでも、きっと大好《だいす》きになれるはず！　読《よ》んでみてください。めっちゃおもしろいよ！

（鹿児島県・鹿児島市立桜丘中学校・1年生
平原沙貴・会員番号 06300）

イソップ

作：青木和雄
画：吉川聡子

定価：本体 1300 円（税別）
発行年：2001 年 12 月
出版社：金の星社
ISBN:4-323-06315-6
254 ページ

よんだ もってる 5段階評価

よんだ	もってる	5段階評価				
		1	2	3	4	5

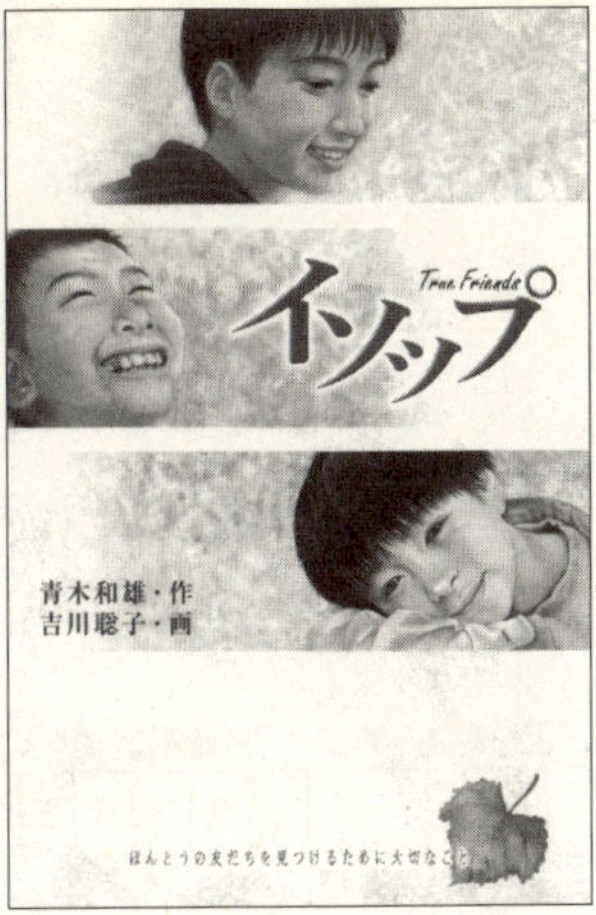

立河祥吾《たちかわしょうご》は、ある事件《じけん》がもとで名門《めいもん》私立《しりつ》・楓学園《かえでがくえん》を自主退学《じしゅたいがく》。転校先《てんこうさき》の学校《がっこう》で、みんなからイソップと呼《よ》ばれる磯田草馬《いそだそうま》と、男言葉《おとこことば》で話《はな》し、男《おとこ》の子《こ》の服装《ふくそう》をしている女《おんな》の子《こ》・柏木千里《かしわぎちり》に出会《であ》う。草馬《そうま》の顔《かお》や背中《せなか》には、無数《むすう》の傷《きず》があった……。

✣

主人公《しゅじんこう》の立河祥吾《たちかわしょうご》は、私立《しりつ》・楓学園《かえでがくえん》に通《かよ》っていたものの、ある事件《じけん》をきっかけに自主退学《じしゅたいがく》した。転校先《てんこうさき》で、イソップというあだ名《な》の磯田草馬《いそだそうま》と、女《おんな》の子《こ》なのに髪《かみ》を短《みじか》く切《き》り、男《おとこ》の子《こ》の服装《ふくそう》をして、男言葉《おとこことば》を使《つか》う、柏木千里《かしわぎちり》に出会《であ》う。

なぜか、イソップの顔《かお》や体《からだ》には、たくさんの傷《きず》があった。その傷《きず》に隠《かく》されたイソップの悲《かな》しい過《か》去《こ》とは。そして、千里《ちり》の言葉《ことば》づかいや服装《ふくそう》にも、ある悲《かな》しい事故《じこ》が関係《かんけい》していた。

（山口県・宇部市立厚南中学校・1年生
利川麻里・会員番号 06404）

小4まで
小5
小6
中1
中2
中3
高校以上

“It”（それ）と呼《よ》ばれた子《こ》（幼年期《ようねんき》）

作：デイヴ・ペルザー
訳：田栗美奈子

定価：本体 650 円（税別）
発行年：2002 年 9 月 20 日
出版社：ソニー・マガジンズ ヴィレッジブックス
ISBN:4-7897-1925-1
274 ページ

よんだ　もってる　５段階評価
1 2 3 4 5

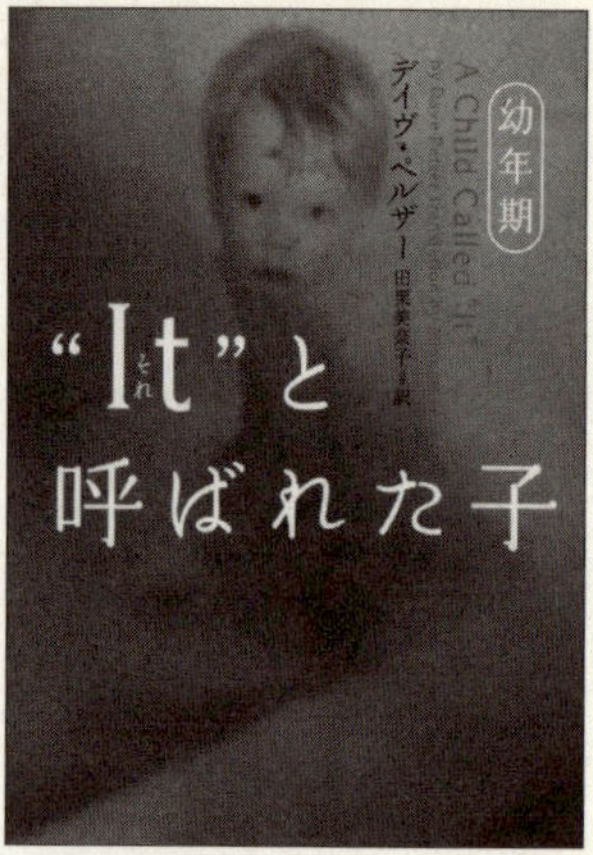

母親《ははおや》に名《な》まえさえ呼《よ》んでもらえず、食《た》べ物《もの》も与《あた》えられず、奴隷《どれい》のように働《はたら》かされる主人公《しゅじんこう》。命《いのち》の危険《きけん》にさらされた、児童虐待《じどうぎゃくたい》の被害者《ひがいしゃ》が記憶《きおく》をたどるのは、きわめて苦痛《くつう》と困難《こんなん》をともなうものだ。

本書《ほんしょ》は、アメリカ・カリフォルニア州史上最悪《しゅうしじょうさいあく》といわれた虐待《ぎゃくたい》を生《い》きぬいた著者《ちょしゃ》が、幼児期《ようじき》のトラウマを乗《の》り越《こ》えて自《みずか》ら書《か》いた、貴重《きちょう》な真実《しんじつ》の記録《きろく》。

✣

私《わたし》は、実際《じっさい》に児童虐待《じどうぎゃくたい》を受《う》けた彼《かれ》が、過去《かこ》を包《つつ》み隠《かく》さず表《おもて》にさらけ出《だ》したことに驚《おどろ》き、どんなに苦《くる》しい目《め》にあっても、幼《おさな》いながらに知恵《ちえ》をふりしぼって生《い》きぬこうとする姿《すがた》に感動《かんどう》しました。

ふだんなにも感《かん》じずに行《おこな》っている「生《い》きる」という行為《こうい》が、これほどたいへんだということを、初《はじ》めて思《おも》い知《し》らされました。この本《ほん》のおかげで、生《い》きることの大切《たいせつ》さを再確認《さいかくにん》できました。

（大阪府・大阪市立阪南中学校・1年生　Ｖａｎｉｌｌａ・会員番号００３０３）

いつも心《こころ》に好奇心《ミステリー》！

名探偵《めいたんてい》夢水《ゆめみず》清志郎《きよしろう》vs.《ブイエス》パソコン通信探偵団《つうしんたんていだん》

作：はやみねかおる
　　松原秀行
絵：村田四郎
　　梶山直美
定価：本体 950 円（税別）
発行年：2000 年 9 月 25 日
出版社：講談社
ISBN:4-06-210410-5
414 ページ

よんだ　もってる　５段階評価
□　□　1 2 3 4 5

『クイーン』に、『ジョーカー』に、『飛行船《ひこうせん》』に『人工《じんこう》知能《ちのう》』――。「この4つのキーワードを使《つか》って、ミステリー小説《しょうせつ》をお願《ねが》いします。」

青《あお》い鳥文庫《とりぶんこ》20周年《しゅうねん》記念《きねん》特別《とくべつ》企画《きかく》として編集部《へんしゅうぶ》より、はやみねかおるさんと松原秀行《まつばらひでゆき》さんに、このように原稿《げんこう》をお願《ねが》いいたしました。片《かた》や、本格派《ほんかくは》ミステリー。一方《いっぽう》は回文《かいぶん》をメインとした軽妙《けいみょう》ミステリー。2大人気《だいにんき》作家《さっか》の激突企画《げきとつきかく》。読《よ》むしかないよねっ!!

✣

名探偵《めいたんてい》・夢水清志郎《ゆめみずきよしろう》と、パソコン通信探偵団《つうしんたんていだん》の2作《さく》が入《はい》った、読《よ》んでいてワクワクする本《ほん》です。夢水清志郎《ゆめみずきよしろう》のほうは、今《いま》まで以上《いじょう》に本格的《ほんかくてき》なミステリーで、とてもおもしろかったです。

パソコン通信探偵団《つうしんたんていだん》は、回文《かいぶん》をメインにした話《はなし》に、事件《じけん》がからんできてとてもおもしろいです。アイミアという回文《かいぶん》ロボットが気《き》に入《い》りました。

（岡山県・岡山県立岡山操山中学校・1年生
清水雄貴・会員番号06777）

うしろの正面《しょうめん》だあれ

作：海老名香葉子
画：千葉督太郎

定価：本体 560 円（税別）
発行年：1990 年 11 月
出版社：金の星社・フォア文庫
ISBN:4-323-01077-X
228 ページ

よんだ	もってる	５段階評価
□	□	1 2 3 4 5

路地《ろじ》にあふれる、子《こ》どもたちの声《こえ》。やがてただよってくる、晩《ばん》ごはんのおいしそうなにおい……。下町《したまち》で生《う》まれたかよ子《こ》は、家族《かぞく》の愛《あい》と、人々《ひとびと》の人情《にんじょう》につつまれて、明《あか》るく育《そだ》っていきました。戦争《せんそう》で、大切《たいせつ》な家族《かぞく》や友《とも》だちを失《うしな》いましたが、幼《おさな》いころの思《おも》い出《で》は、大切《たいせつ》な宝《たから》もの——いまも心《こころ》の中《なか》にかがやいています。

❖

戦争《せんそう》のころの東京《とうきょう》の下町《したまち》でのお話《はなし》です。戦争《せんそう》でたくさんの人々《ひとびと》が亡《な》くなりました。主人公《しゅじんこう》かよ子《こ》の家族《かぞく》もめちゃめちゃにされてしまいました。けれどかよ子《こ》は、亡《な》くなった家族《かぞく》のみんなに励《はげ》まされ、力強《ちからづよ》く生《い》きることを誓《ちか》います。

この本《ほん》を読《よ》むと、たった一つしかない命《いのち》の大切《たいせつ》さが実感《じっかん》できます。死《し》にたくない。けれど死《し》んでしまった。今《いま》の人《ひと》たちは、この本《ほん》を読《よ》み、もう一《いち》度《ど》命《いのち》の大切《たいせつ》さについて考《かんが》えてみてください。

（香川県・綾歌町立綾歌中学校・1年生
向谷友美・会員番号 06754）

海底《かいてい》2万《まん》マイル

作：ジュール＝ベルヌ
訳：加藤まさし
絵：高田勲

定価：本体620円（税別）
発行年：2000年4月15日
出版社：講談社・青い鳥文庫
ISBN:4-06-148530-X
270ページ

よんだ　もってる　5段階評価

□　□　1 2 3 4 5

1866年《ねん》、世界《せかい》の海《うみ》に巨大《きょだい》な怪物《かいぶつ》があらわれて船《ふね》の事故《じこ》が続出《ぞくしゅつ》。原因調査《げんいんちょうさ》にむかったフランスのアロナクス教授《きょうじゅ》たちは、謎《なぞ》の人物《じんぶつ》ネモ艦長《かんちょう》の潜水艦《せんすいかん》ノーチラス号《ごう》にとらわれて深海《しんかい》へ。海底《かいてい》火山《かざん》の噴火《ふんか》、サメの襲撃《しゅうげき》、氷山《ひょうざん》にとじこめられて危機一髪《ききいっぱつ》、大《おお》ダコとの死《し》闘《とう》、そして軍艦《ぐんかん》との戦《たたか》い。神秘《しんぴ》とおどろきに満《み》ちた、ベルヌのSF《エスエフ》名作《めいさく》、海中《かいちゅう》・海底《かいてい》の大冒険《だいぼうけん》。

✣

僕《ぼく》はいろんな冒険《ぼうけん》ものの本《ほん》を読《よ》みますが、いちばん好《す》きな本《ほん》がこれです。ふつう深海《しんかい》は行《い》かないので、どんな話《はなし》かとてもわくわくしました。2度《ど》目《め》に読《よ》んでも、氷《こおり》の中《なか》に閉《と》じ込《こ》められたり、大《おお》ダコとの死闘《しとう》で犠牲者《ぎせいしゃ》が1人《ひとり》出《で》たり、はらはらしっぱなしでした。

何回《なんかい》も読《よ》んでいちばんの疑問《ぎもん》は、ネモ艦長《かんちょう》はどうなったのかです。生《い》きていたら会《あ》ってみたい。

（東京都・高輪中学校・1年生
與野山雄貴・会員番号02099）

ガラスのうさぎ

作：高木敏子
画：武部本一郎

定価：本体 540 円（税別）
発行年：1988 年 2 月
出版社：金の星社・フォア文庫
ISBN:4-323-01007-9
174 ページ

よんだ　もってる　５段階評価

よんだ	もってる	1	2	3	4	5
		1	2	3	4	5

東京大空襲《とうきょうだいくうしゅう》で母《はは》と妹《いもうと》を失《うしな》った敏子《としこ》は、さらに機《き》銃掃射《じゅうそうしゃ》で父《ちち》までも亡《な》くす。取《と》り残《のこ》された少女《しょうじょ》は、家《か》族《ぞく》のためにも生《い》きぬこうと決意《けつい》する。平和《へいわ》への祈《いの》りをこめた感動《かんどう》の手記《しゅき》。

✣

この本《ほん》は、母《はは》に薦《すす》められて小学生《しょうがくせい》のときに買《か》いました。

戦争《せんそう》で母《はは》と妹《いもうと》たちが行方不明《ゆくえふめい》になり、父《ちち》も遠《とお》い場所《ばしょ》で働《はたら》き、兄《あに》も特攻隊《とっこうたい》に入《はい》ってしまって、一人《ひとり》ぼっちになってしまった筆者《ひっしゃ》の人生《じんせい》を書《か》いた本《ほん》です。

戦争《せんそう》の悲《かな》しさなどの大切《たいせつ》な意味《いみ》が込《こ》められていると思《おも》いました。挿絵《さしえ》もあって、簡単《かんたん》に読《よ》めるからこそ、たくさんの人《ひと》に読《よ》んでもらいたいと思《おも》います。ちょっとした時間《じかん》に読《よ》んでみたらいかがでしょうか？

（東京都・成城学園中学校・1年生
蒼穹・会員番号 03437）

クビキリサイクル

青色《あおいろ》サヴァンと戯言遣《ざれごとづか》い

作：西尾維新
絵：竹

定価：本体 980 円（税別）
発行年：2002 年 2 月 5 日
出版社：講談社・講談社ノベルス
ISBN:4-06-182233-0
382 ページ

よんだ　もってる　5段階評価　1 2 3 4 5

絶海《ぜっかい》の孤島《ことう》に隠《かく》れ棲《す》む財閥令嬢《ざいばつれいじょう》が〝科学《かがく》・絵画《かいが》・料《りょう》理《り》・占術《せんじゅつ》・工学《こうがく》〟、5人《にん》の「天才《てんさい》」女性《じょせい》を招待《しょうたい》した瞬間《しゅんかん》、〝孤島《ことう》×密室《みっしつ》×首《くび》なし死体《したい》〟の連鎖《れんさ》がスタートする！　工学《こうがく》の天才美少女《てんさいびしょうじょ》、「青色《あおいろ》サヴァン」こと玖渚友《くなぎさとも》（♀）とその冴《さ》えない友人《ゆうじん》、「戯言遣《ざれごとづか》い」いーちゃん（♂）は、「天《てん》才《さい》」の凶行《きょうこう》を〝証明終了《しょうめいしゅうりょう》〟できるのか？　新青春《しんせいしゅん》エンタの傑作《けっさく》、ここに誕生《たんじょう》！　第《だい》23回《かい》メフィスト賞受賞作《しょうじゅしょうさく》。

✣

この本《ほん》は、起《お》こる事件《じけん》が怖《こわ》いし、わかりにくい字《じ》があったりするけど、読《よ》んでるうちに、スリルや笑《わら》いやちょっとした感動《かんどう》を、本《ほん》の中《なか》から見《み》つけられます。

この作品《さくひん》は、講談社《こうだんしゃ》のメフィスト賞《しょう》にも選《えら》ばれています。私《わたし》はこの本《ほん》を読《よ》んで、「怖《こわ》いけど次《つぎ》が読《よ》みたい」という、スリルを味《あじ》わうことができました。それがいちばんの喜《よろこ》びです。

（岐阜県・関市立桜ケ丘中学校・1年生
ミステリー大好き！・会員番号 06529）

クレヨン王国《おうこく》いちご村《むら》

作：福永令三
絵：三木由記子

定価：本体 580 円（税別）
発行年：1983 年 12 月 10 日
出版社：講談社・青い鳥文庫
ISBN:4-06-147128-7
220 ページ

よんだ もってる 5段階評価

よんだ	もってる	1	2	3	4	5

盲腸《もうちょう》の手術《しゅじゅつ》をした5年生《ねんせい》の正君《ただしくん》におばあちゃんが12色《しょく》のクレヨンをくれました。そのクレヨンの一本一本《いっぽんいっぽん》が、正君《ただしくん》のねむりの中《なか》に順々《じゅんじゅん》にあらわれて、むらさきはスミレの花《はな》、みどりはヘチマ、黄色《きいろ》はエンゼルの話《はなし》……12のお話《はなし》をはじめました。楽《たの》しくて、すこし心《こころ》がいたむ「クレヨン王国《おうこく》」シリーズ4作《さく》め。

✣

初《はじ》めて読《よ》んだクレヨン王国《おうこく》の本《ほん》です。楽《たの》しい物《もの》語《がたり》やおもしろい物語《ものがたり》、いろんな物語《ものがたり》が詰《つ》まっていて、読《よ》みおわったとき、楽《たの》しい気分《きぶん》になりました。挿絵《さしえ》を見《み》ると、より想像《そうぞう》が広《ひろ》がって、まるでその場《ば》にいるような感《かん》じがして、とても好《す》きです。こんなに楽《たの》しい本《ほん》があったんだ！ と驚《おどろ》き、それ以来《いらい》クレヨン王国《おうこく》を読《よ》みはじめたのです。この本《ほん》は、クレヨン王国《おうこく》とのきっかけを作《つく》ってくれた、大切《たいせつ》な本《ほん》となりました。

（新潟県・潟東村立潟東中学校・1年生
島田浩子・会員番号 06410）

十二番《ばん》目《め》の天使《てんし》

作：オグ・マンディーノ
訳：坂本貢一

定価：本体 1200 円（税別）
発行年：2001 年 4 月 16 日
出版社：求龍堂
ISBN:4-7630-0106-X
270 ページ

よんだ　もってる　５段階評価

よんだ	もってる	1	2	3	4	5

ジョンを襲《おそ》った大《おお》きな悲劇《ひげき》。その衝撃《しょうげき》から抜《ぬ》け出《だ》せなかったジョンは、親友《しんゆう》の頼《たの》みをききリトルリーグの監督《かんとく》になる。選手《せんしゅ》のティモシーは、野球《やきゅう》センスがなく、おまけに重大《じゅうだい》な問題《もんだい》を抱《かか》えていた。だが、熱意《ねつい》は人一《ひといち》倍強《ばいつよ》く、ティモシーの真剣《しんけん》なようすが、ジョンの心《こころ》を溶《と》かしていく。二人《ふたり》の関係《かんけい》が、日本中《にほんじゅう》を感動《かんどう》させた。

✣

最近《さいきん》、なにかに感動《かんどう》しましたか？　この本《ほん》は、自分《じぶん》に自信《じしん》をなくしたとき、くじけてしまいそうなとき、ちっちゃな体《からだ》で大《おお》きな心《こころ》を持《も》っているティモシーが、「あきらめるな。絶対《ぜったい》、絶対《ぜったい》あきらめるな。」と応援《おうえん》してくれます。信《しん》じてあきらめなければ、いつか必《かなら》ず奇跡《きせき》を起《お》こせる。そう私《わたし》に教《おし》えてくれました。できなくたっていい。あきらめなければそれでいい。自然《しぜん》に涙《なみだ》が出《で》てくる、そんな本《ほん》です。

（福島県・広野町立広野中学校・1年生
田村彩夏・会員番号 06481）

少年名探偵《しょうねんめいたんてい》

虹《こう》北《ほく》恭《きょう》助《すけ》の冒《ぼう》険《けん》

作：はやみねかおる
絵：やまさきもへじ

定価：本体 840 円（税別）
発行年：2000 年 7 月 5 日
出版社：講談社・講談社ノベルス
ISBN:4-06-182138-5
310 ページ

よんだ　もってる　5段階評価

よんだ	もってる	1	2	3	4	5

ひとりでにふえてゆく駄菓子屋《だがしや》のおかし。深夜《しんや》、アーケード街《がい》をさまよう透明人間《とうめいにんげん》の足跡《あしあと》。なんでも願《ねが》いをきいてくれるお願《ねが》いビルディング。虹北商店街《こうほくしょうてんがい》で巻《ま》き起《お》こる不思議《ふしぎ》な謎《なぞ》・謎《なぞ》・謎《なぞ》！　美少女《びしょうじょ》・野村響子《のむらきょうこ》ちゃんをワトソン役《やく》に、講談社《こうだんしゃ》ノベルス史上最年少《しじょうさいねんしょう》の名探《めいたん》偵《てい》（小学《しょうがく》6年生《ねんせい》）・虹北恭助《こうほくきょうすけ》の推理《すいり》が冴《さ》える!!

✣

ドキドキワクワクしながら読《よ》んだあと、ほわっと心《こころ》が温《あたた》かくなる。でも、やっぱりドキドキ感《かん》があとに残《のこ》るのが、この本《ほん》だと思《おも》います。名探偵《めいたんてい》、魔術師《まじゅつし》などの異名《いみょう》を持《も》つ天才少年《てんさいしょうねん》（でも学校《がっこう》には行《い》っていない）、虹北恭助《こうほくきょうすけ》が、町《ちょう》内《ない》で起《お》こるさまざまな謎《なぞ》を解決《かいけつ》していく話《はなし》です。ときに厳《きび》しく、ときに優《やさ》しい恭助《きょうすけ》の名推理《めいすいり》を、（おかしいがつくほど）ユカイな商店街《しょうてんがい》のみなさんといっしょに、あなたも聞《き》いてみませんか？

（千葉県・千葉市立緑が丘中学校・1年生
魔及桜・会員番号 04870）

タートル・ストーリー

作：樋口千重子

定価：本体 1500 円（税別）
発行年：1997 年 12 月
出版社：理論社・
理論社ライブラリー
ISBN:4-652-01133-4
220 ページ

よんだ	もってる	5段階評価				
		1	2	3	4	5

デイビッドが日本《にほん》に帰《かえ》るマモルからもらったのは、しゃべることのできるカメだった。タートルと名《な》づけたら、ペットじゃなく、対等《たいとう》な友《とも》だちとして扱《あつか》うよう、要求《ようきゅう》された。そのため、思《おも》いもしないことばかり体験《たいけん》することになったデイビッドだが、おかげで明《あか》るく元《げん》気《き》になることができた。ある日《ひ》、タートルはマモルに会《あ》うため、海《うみ》へと泳《およ》ぎだす。

✣

『タートル・ストーリー』……かめ物語《ものがたり》。ニューヨークの風景《ふうけい》に映《うつ》る少年《しょうねん》の孤独《こどく》と、新《あたら》しい出会《であ》いの驚《おどろ》き。マモル&《アンド》タートルとの悲《かな》しすぎる別《わか》れ。ちょっと気弱《きよわ》な主人公《しゅじんこう》とタートルとの楽《たの》しい日々《ひび》。しかし、主人公《しゅじんこう》は友《とも》だちがいなくて、登校《とうこう》拒否《きょひ》しそうになるが、タートルの支《ささ》えで学校《がっこう》に行《い》けるようになった。私《わたし》はこの本《ほん》を読《よ》んで泣《な》きそうになりました。ぜひ読《よ》んでほしい本《ほん》です。

（鹿児島県・鹿児島市立桜丘中学校・1年生
平原沙貴・会員番号 06300）

翼《つばさ》をください

作：橘もも
絵：新井葉月

定価：本体 470 円（税別）
発行年：2000 年 2 月 5 日
出版社：講談社・講談社 X 文庫
ISBN:4-06-199860-9
214 ページ

よんだ　もってる　5段階評価
□　□　1 2 3 4 5

中学《ちゅうがく》3年《ねん》の2学期《がっき》、京歌《きょうか》のクラスメートが自殺《じさつ》した。原因《げんいん》は、イジメ。しかし、それはいじめていた者《もの》だけではなくクラス全員《ぜんいん》の責任《せきにん》だと気《き》づいた日《ひ》、楽《たの》しいはずの教室《きょうしつ》は、いつしか大嫌《だいきら》いな場所《ばしょ》に変《か》わってしまった……。人《ひと》はなぜ、人《ひと》を傷《きず》つけるのか？　勇気《ゆうき》とは何《なに》？　作者《さくしゃ》が、同世代《どうせだい》の視点《してん》で取《と》り組《く》んだ、話題《わだい》の第7回《かい》ティーンズハート大賞《たいしょう》《佳作《かさく》》受賞作《じゅしょうさく》！　ぜひ、みなさんの感想《かんそう》を聞《き》かせてください。

✣

この物語《ものがたり》は、主人公《しゅじんこう》がクラスのイジメに立《た》ち向《む》かっていく話《はなし》で、その姿《すがた》がとても強《つよ》く見《み》えます。私《わたし》なら見《み》ないフリをする、イジメと闘《たたか》っていく主人公《しゅじんこう》の強《つよ》さが欲《ほ》しくなりました。一度《いちど》読《よ》んだら、またもう一度《いちど》と何度《なんど》でも読《よ》みたくなる本《ほん》です。
ぜひ読《よ》んでいただきたいと思《おも》います。

（宮城県・仙台市立八木山中学校・1年生
佐藤絵梨・会員番号　06398）

透《とう》明《めい》人《にん》間《げん》

作：H=G=ウェルズ
訳：福島正実
　　桑沢慧
絵：高田勳
定価：本体 580 円（税別）
発行年：1998 年 6 月 15 日
出版社：講談社・青い鳥文庫
ISBN:4-06-148485-0
250 ページ

よんだ	もってる	5段階評価				
		1	2	3	4	5

その男《おとこ》が丘《おか》をこえてやってきたのは、おそろしく寒《さむ》い日《ひ》のことだった……。けがでもないのに、包帯《ほうたい》だらけのその男《おとこ》が人類《じんるい》の永遠《えいえん》の願望《がんぼう》をかなえた透明《とうめい》人間《にんげん》だった！　おびえる町《まち》の人々《ひとびと》、しだいに暴力《ぼうりょく》にかたむく透明人間《とうめいにんげん》。その運命《うんめい》の行《い》きつく先《さき》は？　S《エス》F《エフ》の父《ちち》とよばれるイギリスのH《エイチ》＝G《ジー》＝ウェルズの世《せ》界的《かいてき》SF《エスエフ》古典《こてん》の名作《めいさく》です。

✣

この本《ほん》は、ある男《おとこ》が透明人間《とうめいにんげん》になって、街《まち》を荒《あ》らしたりする話《はなし》です。みなさん、透明人間《とうめいにんげん》だったら、よいことばかりだと思《おも》っていませんか？　悪《わる》いところもいくつか、いや、悪《わる》いところのほうが、たくさんあるかもしれません。それを、この男《おとこ》が教《おし》えてくれます。

この本《ほん》は、少《すこ》し長《なが》いですが、ぜひ最後《さいご》まで読《よ》んでみてください。

（岩手県・盛岡市立厨川中学校・1年生
金子大希・会員番号 0 5 7 5 6）

小4まで
小5
小6
中1
中2
中3
高校以上

友《とも》よ

作：赤川次郎

定価：本体724円（税別）
発行年：2003年2月28日
出版社：角川書店
ISBN:4-04-788165-1
286ページ

よんだ　もってる　5段階評価

よんだ	もってる	1	2	3	4	5

高校《こうこう》の修学旅行《しゅうがくりょこう》でハワイに行《い》く直前《ちょくぜん》、紀子《のりこ》に絵《え》はがきが届《とど》く。これは中学《ちゅうがく》のときの親友《しんゆう》と決《き》めた、困《こま》ったことになった合図《あいず》。離《はな》れていても駆《か》けつけようという約束《やくそく》だ。友《とも》だちを助《たす》けに向《む》かった紀子《のりこ》は、誘拐《ゆうかい》や殺人《さつじん》など危険《きけん》な目《め》にあう。女子高生《じょしこうせい》の友情《ゆうじょう》を描《えが》いた長編《ちょうへん》ミステリー。

✣

この本《ほん》は、ほんとうにすごいんです！　読《よ》みはじめて5分《ふん》もすると、この本《ほん》の世界《せかい》にどっぷりはまっているんです！　話《はなし》は1通《つう》の絵《え》はがきから始《はじ》まり、主人公《しゅじんこう》の女《おんな》の子《こ》、紀子《のりこ》がさまざまな事件《じけん》に巻《ま》き込《こ》まれていくんです。

この本《ほん》の魅力《みりょく》は、登場人物《とうじょうじんぶつ》の個性《こせい》の豊《ゆた》かさです。特《とく》に牧野《まきの》という、ヤクザって感《かん》じの男《おとこ》の人《ひと》なんですけど、いじわるだったり、やさしかったりして、なにか、もうたまんないんです。この本《ほん》を読《よ》んだのをきっかけに、私《わたし》は本《ほん》をたくさん読《よ》んでいます。

（鳥取県・国府町立国府中学校・1年生
谷口千加・会員番号05642）

西《にし》の善《よ》き魔《ま》女《じょ》1

セラフィールドの少女《しょうじょ》

作：荻原規子
絵：桃川春日子

定価：本体900円（税別）
発行年：1997年9月25日
出版社：中央公論新社
ISBN:4-12-500491-9
236ページ

よんだ　もってる　5段階評価
1 2 3 4 5

母《はは》を亡《な》くし、隣《となり》のホーリー家《け》で面倒《めんどう》をみてもらっているフィリエル。伯爵主催《はくしゃくしゅさい》の舞踏会《ぶとうかい》へ行《い》き、母《はは》が王女《おうじょ》だったことが判明《はんめい》する。それからフィリエルの平和《へいわ》でのどかな生活《せいかつ》が一変《いっぺん》し、謀略渦《ぼうりゃくうず》巻《ま》く世界《せかい》の住民《じゅうみん》になってしまった。長編《ちょうへん》ファンタジーの第《だい》1作《さく》。

✣

この本《ほん》は主人公《しゅじんこう》の行動《こうどう》と自分《じぶん》を重《かさ》ねて読《よ》んでしまうような不思議《ふしぎ》な物語《ものがたり》です。主人公《しゅじんこう》のフィリエルは天文学者《てんもんがくしゃ》を父《ちち》に持《も》つ女《おんな》の子《こ》です。友だちマリエとともに村《むら》の舞踏会《ぶとうかい》へ向《む》かいますが、そこで父《ちち》からもらったペンダントが女王《じょおう》さまのものであると気《き》づきます。ここから物語《ものがたり》が始《はじ》まり、予想《よそう》のできない展開《てんかい》、年頃《としごろ》の恋《こい》も始《はじ》まります。長《なが》くて字《じ》が小《ちい》さいので、読書《どくしょ》マニアさんにおすすめですが、長編《ちょうへん》の一歩《ぽ》を踏《ふ》み出《だ》すにはちょうどいいですよ。あなたも自分《じぶん》を見《み》つめてみれば？

（東京都・成城学園中学校・1年生
蒼穹・会員番号03437）

パスワードvs.《ブイエス》紅《べに》カモメ
──パソコン通信探偵団事件《つうしんたんていだんじけん》ノート7──

作：松原秀行
絵：梶山直美

定価：本体 580 円（税別）
発行年：1999 年 7 月 15 日
出版社：講談社・青い鳥文庫
ISBN:4-06-148513-X
286 ページ

よんだ	もってる	5段階評価				
		1	2	3	4	5

な、なにっ!? 飛鳥《あすか》が電子探偵団《でんしたんていだん》をやめて「紅《べに》カモメ」に入《はい》るって〜!? でも、マコトたちは、この言葉《ことば》からスケ番《ばん》グループ名《めい》や、ピエロの赤《あか》い唇《くちびる》、カモメ引《ひ》っ越《こ》し便《びん》といろいろなことが連想《れんそう》されて、頭《あたま》の中《なか》は混乱《こんらん》するばかり。シリーズ第《だい》7弾《だん》（番外編《ばんがいへん》を入《い》れると8作目《さくめ》）は意外《いがい》な犯人像《はんにんぞう》と、熱《あつ》き友情物語《ゆうじょうストーリー》で、盛《も》りあがり度《ど》も300%で、キミの心《こころ》をとらえて放《はな》さない。

パスワードと紅《べに》カモメ!? 電子探偵団《でんしたんていだん》がカモメと遊《あそ》ぶの？ なんて思《おも》っていると大《おお》マチガイ。それより、もっと深刻《しんこく》な問題《もんだい》が出《で》てくるよ。みんなあ、緊急事態《きんきゅうじたい》だあ！ 早《はや》く本《ほん》のページをめくるべし。途中《とちゅう》で読《よ》み終《お》わることなんて絶対《ぜったい》できないこの一冊《さつ》。

さあ、もう読《よ》みたくなってきたはず。まよわずパラパラ、読《よ》んじゃおう！

（鹿児島県・鹿児島市立伊敷台中学校・1年生
ゆきん子・会員番号 0552）

小4まで
小5
小6
中1
中2
中3
高校以上

バッテリー

作：あさのあつこ
絵：佐藤真紀子

定価：本体 1400 円（税別）
発行年：1996 年 12 月 10 日
出版社：教育画劇
ISBN:4-87692-581-X
244 ページ

よんだ	もってる	5段階評価				
		1	2	3	4	5

4月《がつ》から中学生《ちゅうがくせい》の巧《たくみ》。大人《おとな》への階段《かいだん》をのぼりつつあり、誰《だれ》に対《たい》しても不機嫌《ふきげん》な態度《たいど》を崩《くず》さない。唯一真剣《ゆいいつしんけん》に取《と》り組《く》んでいるのは野球《やきゅう》。とても力《ちから》のあるピッチャーなのだ。一人《ひとり》トレーニングに励《はげ》んでいるとき出会《であ》った豪《ごう》は、優秀《ゆうしゅう》なキャッチャーだった。二人《ふたり》はバッテリーを組《く》み、野球《やきゅう》にのめりこんでいく。シリーズ第《だい》1巻《かん》。

✣

父《ちち》の転勤《てんきん》で、岡山《おかやま》から新田《にった》へ引《ひ》っ越《こ》してきた原田巧《はらだたくみ》。自分以外《じぶんいがい》には無関心《むかんしん》なピッチャーの巧《たくみ》は、ここでキャッチャーの永倉豪《ながくらごう》と運命的《うんめいてき》な出会《であ》いをします。

難《むずか》しい年頃《としごろ》といわれる、思春期《ししゅんき》の中学生《ちゅうがくせい》の姿《すがた》が、野球《やきゅう》を通《とお》してリアルに描《えが》かれています。なにより巧&豪《たくみアンドごう》がとてもかっこいいです。シリーズは現在《げんざい》Ⅴ《ご》まで出《で》ているので、そちらも読《よ》んでみてください。

（福島県・いわき市立植田東中学校・1年生）
（服部美里・会員番号 04071）

ふつうの学校《がっこう》
――稲妻先生颯爽登場《いなずませんせいさっそうとうじょう》!!の巻《まき》――

作：蘇部健一
絵：羽住都

定価：本体580円（税別）
発行年：2003年4月15日
出版社：講談社・青い鳥文庫
ISBN:4-06-148611-X
238ページ

よんだ　もってる　５段階評価
□　□　１２３４５

ぼくの名前《なまえ》はアキラ。あしたから、いよいよ青陽小《せいようしょう》学校《がっこう》の5年生《ねんせい》。だから、いまいちばん気《き》になるのは2年《ねん》に一度《ど》のクラス替《が》え。あこがれのナナちゃんといっしょに、美人《びじん》のルイ先生《せんせい》のクラスに入《はい》れるといいんだけど。でも、よその学校《がっこう》からとんでもない先生《せんせい》がやってくるというウワサもあったりして。なんだか新学期《しんがっき》早々《そうそう》、イヤな予感《よかん》が……。

✣

主人公《しゅじんこう》のアキラは、いつも冷《さ》めた考《かんが》えで世《よ》の中《なか》を見《み》ている。ズバリ、その考《かんが》え方《かた》、超《ちょう》アタッテいる。本《ほん》だからといって、きれい事《ごと》ばかり、書《か》き並《なら》べているのではない！　そこがまた、おもしろい。ルイ先生《せんせい》が、アキラの担任《たんにん》イナズマ先生《せんせい》に、飛《と》び蹴《げ》りを入《い》れたり、泣《な》かされたり、とにかくカナリおもしろい！　いつもムズカしくためになる本《ほん》を読《よ》んでる人《ひと》は、いつもと違《ちが》うタイプの本《ほん》を！

（埼玉県・さいたま市立常盤中学校・1年生
ポケットモ〇キー・会員番号 06030）

小4まで
小5
小6
中1
中2
中3
高校以上

フレディ

世界《せかい》でいちばんかしこいハムスター

作：ディートロフ・ライヒェ
訳：佐々木田鶴子
絵：しまだ・しほ

定価：本体 1238 円（税別）
発行年：2001 年 4 月 10 日
出版社：旺文社
ISBN:4-01-069557-9
159 ページ

よんだ　もってる　５段階評価

よんだ	もってる	1	2	3	4	5

ペットショップで売《う》られているフレディは、「ケージの中《なか》で一生《いっしょう》を終《お》えるなんてごめんだね。自由《じゆう》を手《て》に入《い》れる方法《ほうほう》を探《さが》すんだ。」と考《かんが》え、ケージの戸《と》を開《あ》ける。降《ふ》りかかる危険《きけん》に、小《ちい》さな頭《あたま》をフル回転《かいてん》させて立《た》ち向《む》かうフレディが決意《けつい》したこととは？　その方法《ほうほう》とは？

❖

ペットショップ生《う》まれのハムスター、フレディがこの物語《ものがたり》の主役《しゅやく》。「ハムスター伝説《でんせつ》」を聞《き》き、待《ま》っているだけじゃダメ！　という思《おも》いでケージを脱出《だっしゅつ》します。ネコのウィリアムや、モルモットのエンリコとカルーソも大活躍《だいかつやく》。

私《わたし》はそんなかわいい動物《どうぶつ》たちが大好《だいす》きです。いつもかわいい姿《すがた》で楽《たの》しませてくれる動物《どうぶつ》たちに、みなさんも出会《であ》ってください。何回《なんかい》読《よ》んでもあきないこの本《ほん》は、私《わたし》の友《とも》だちです。みなさんもどんどん友《とも》だちになってくださいね。

（福島県・郡山市立郡山第一中学校・1年生
薬谷水花・会員番号０４４４０）

HELP!《ヘルプ》

キレる子《こ》どもたちの心《こころ》の叫《さけ》び

著：青木和雄

定価：本体1300円（税別）
発行年：2000年11月
出版社：金の星社
ISBN:4-323-07017-9
191ページ

よんだ	もってる	5段階評価
		1 2 3 4 5

カウンセラーの著者《ちょしゃ》が関《かか》わった、子《こ》どもをめぐる5つの悲惨《ひさん》な事件《じけん》。大人《おとな》の理不尽《りふじん》な攻撃《こうげき》にさらされた子《こ》どもの、心《こころ》の叫《さけ》びが聞《き》こえてくるようです。それぞれの事件《じけん》の過程《かてい》は物語《ものがたり》で語《かた》られ、カウンセリングは事実《じじつ》の流《なが》れに沿《そ》うように構成《こうせい》されています。

事件《じけん》となった子《こ》どもに対《たい》して、周囲《しゅうい》の大人《おとな》がどのようにふるまえばよかったのだろう、と考《かんが》えることが大《たい》切《せつ》だと著者《ちょしゃ》は訴《うった》えています。

✣

いじめを受《う》ける子《こ》ども。家庭内暴力《かていないぼうりょく》を受《う》ける子《こ》。親《おや》の期待《きたい》に押《お》しつぶされそうな子《こ》。そんな心《こころ》に傷《きず》を負《お》った子《こ》どもたちの悲痛《ひつう》な叫《さけ》びの集《あつ》まった一冊《さつ》の本《ほん》。

「助《たす》けてあげて！」と思《おも》わず叫《さけ》びたくなる。読《よ》むと、周《まわ》りへの見方《みかた》が変《か》わるだろう。

「ヘルプ！」彼《かれ》らの声《こえ》を聞《き》いてあげて……。

（茨城県・麻生町立麻生第一中学校・1年生
犬海御将・会員番号 06185）

窓《まど》ぎわのトットちゃん

作：黒柳徹子
絵：いわさきちひろ

定価：本体 720 円（税別）
発行年：1991 年 6 月 15 日
出版社：講談社・青い鳥文庫
ISBN:4-06-147351-4
358 ページ

よんだ　もってる　５段階評価

よんだ	もってる	1	2	3	4	5

「君《きみ》は、ほんとうは、いい子《こ》なんだよ。」小林先生《こばやしせんせい》のこの言葉《ことば》は、トットちゃんの心《こころ》の中《なか》に、大《おお》いなる自信《じしん》をあたえてくれました――。

トモエ学園《がくえん》の、子《こ》どもたちの心《こころ》をつかんだユニークな教育《きょういく》の実際《じっさい》と、そこに学《まな》ぶ子《こ》どもたちの姿《すがた》をえがいた感動《かんどう》の名作《めいさく》『窓《まど》ぎわのトットちゃん』を子《こ》どもたち自身《じしん》におくります。

✣

黒柳徹子《くろやなぎてつこ》さんが書《か》いた、実際《じっさい》のお話《はなし》です。トットちゃんは、ふつうの子《こ》とはちょっと違《ちが》っていて、他《ほか》の学校《がっこう》に転校《てんこう》することに。その学校《がっこう》で出会《であ》った友《とも》だちや先生《せんせい》は、とても優《やさ》しい人《ひと》たちでした。ある日《ひ》、病気《びょうき》の友《とも》だちが死《し》んでしまいます。そして、大好《だいす》きだったイヌも……。私《わたし》は、友《とも》だちやイヌとの別《わか》れのつらさを感《かん》じたトットちゃんに感動《かんどう》し、この本《ほん》が好《す》きになりました。

（神奈川県・相模原市立上溝南中学校・1年生
乙津舞好・会員番号 06735）

「ミステリーの館《やかた》」へ、ようこそ
――名探偵夢水清志郎事件《めいたんていゆめみずきよしろうじけん》ノート――

作：はやみねかおる
絵：村田四郎

定価：本体 670 円（税別）
発行年：2002 年 8 月 28 日
出版社：講談社・青い鳥文庫
ISBN:4-06-148597-0
294 ページ

よんだ もってる 5段階評価

よんだ	もってる	1	2	3	4	5

引退《いんたい》した老《ろう》マジシャン、グレート天野《あまの》のつくった『ミステリーの館《やかた》』。

そこに招待《しょうたい》された人々《ひとびと》を待《ま》っていたのは、幻夢王《げんむおう》と名乗《なの》る謎《なぞ》の人物《じんぶつ》からの脅迫状《きょうはくじょう》だった。そして翌日《よくじつ》、第《だい》一の予告状《よこくじょう》にあった「消失《しょうしつ》マジック」のことばどおり、老夫人《ろうふじん》が部屋《へや》から消《き》えた……。密室《みっしつ》トリックの謎《なぞ》にいどむ夢水名《ゆめみずめい》（迷《めい》）探偵《たんてい》の推理《すいり》が、またまた読者《どくしゃ》をあっといわせる。名探偵夢水清志郎事件《めいたんていゆめみずきよしろうじけん》ノート第《だい》10作《さく》！

✣

この本《ほん》は、私《わたし》が初《はじ》めて読《よ》んだ袋《ふくろ》とじの本《ほん》です。しかも、袋《ふくろ》とじの中《なか》に、また袋《ふくろ》とじがある、二重袋《じゅうふくろ》とじでした。内容《ないよう》は最高《さいこう》で～す。

夢水《ゆめみず》の記憶力《きおくりょく》、常識《じょうしき》のなさにあきれる岩崎《いわさき》三姉《し》妹《まい》や、ユニークなキャラクターがおもしろいです。

ちょっぴり怖《こわ》くなるけれど、最後《さいご》はちょっと青《せい》春《しゅん》でしめくくります。愛読書《あいどくしょ》の一つです。

（神奈川県・川崎朝鮮初中級学校中級部・1年生
怜実・会員番号 05971）

MISSING《ミッシング》

作：本多孝好

定価：本体 600 円（税別）
発行年：2001 年 11 月 20 日
出版社：双葉社・双葉文庫
ISBN:4-575-50803-9
342 ページ

よんだ	もってる	5段階評価
		1 2 3 4 5

自殺未遂《じさつみすい》した男《おとこ》を助《たす》けた不思議《ふしぎ》な少年《しょうねん》。自分《じぶん》のことを事故《じこ》で死《し》んだ妹《いもうと》だと思《おも》っている女子大生《じょしだいせい》。老人《ろうじん》ホームにいる祖母《そぼ》から調査《ちょうさ》を依頼《いらい》された男《おとこ》。テレビで活躍《かつやく》する同級生《どうきゅうせい》から相談《そうだん》される図書館員《としょかんいん》。日常《にちじょう》と少《すこ》し離《はな》れたところにいる登場人物《とうじょうじんぶつ》たちの、奇妙《きみょう》で感動的《かんどうてき》な体験《たいけん》を描《えが》いた短編集《たんぺんしゅう》。

✣

この本《ほん》は、なんかぐっとくるものがあるんです。なんか素直《すなお》で透明《とうめい》な感《かん》じの話《はなし》が5作入《さくはい》ってるんですよ！　それぞれの作品《さくひん》がそれぞれの魅力《みりょく》を出《だ》していて、5作《さく》ともとてもきれいな話《はなし》なんです。その5作《さく》の中《なか》でとくに好《す》きな話《はなし》は「瑠璃《るり》」という話《はなし》です。「僕《ぼく》」が「ルコ」という女《おんな》の人《ひと》に恋《こい》する不思議《ふしぎ》で純粋《じゅんすい》でさわやかな夏《なつ》の恋《こい》の話《はなし》です。読《よ》んでいくうちに、なぜか楽《たの》しく感動《かんどう》してしまう話《はなし》ばかりです。

（鳥取県・国府町立国府中学校・1年生
谷口千加・会員番号 05642）

ラッキーチャーム1

作：倉橋燿子
絵：佐竹美保

定価：本体 580 円（税別）
発行年：2003 年 8 月 15 日
出版社：講談社・青い鳥文庫
ISBN:4-06-148624-1
240 ページ

よんだ	もってる	5段階評価
		1 2 3 4 5

サッカー大好《だいす》き少女《しょうじょ》・優希《ゆうき》の夢《ゆめ》は、W杯《ワールドカップ》に出場《しゅつじょう》すること。幼《おさな》なじみでサッカー仲間《なかま》の俊介《しゅんすけ》が外国《がいこく》へ引《ひ》っ越《こ》してからは、友《とも》だちもなく孤独《こどく》な毎日《まいにち》。両親《りょうしん》と妹《いもうと》の４人《にん》家族《かぞく》は明《あか》るく温《あたた》かいが、だからこそ言《い》えないことも……。

中学《ちゅうがく》に入《はい》った優希《ゆうき》は男子《だんし》ばかりのサッカー部《ぶ》にとびこむが、そこは弱小《じゃくしょう》チームで、優希《ゆうき》の熱意《ねつい》は空《から》まわり。サッカーをとおして周囲《しゅうい》とともに成長《せいちょう》していく少女《しょうじょ》の物語《ものがたり》、スタート。

私《わたし》はスポーツに無関心《むかんしん》でした。しかしこの本《ほん》は、サッカーをとおして、「スポーツって、こんなにも楽《たの》しいんだなぁ。」と気《き》づかせてくれました。

でも、楽《たの》しいことばかりではないし、人《ひと》と人《ひと》とのぶつかり合《あ》いもあります。しかし、それだからこそこのお話《はなし》はおもしろいのです！　優希《ゆうき》ちゃんと周《まわ》りのみんなの行《ゆ》く末《すえ》が気《き》になる一冊《さつ》です。

（奈良県・五条市立五条中学校・1年生
葛原和佳乃・会員番号06691）

ルパン対《たい》ホームズ

作：モーリス＝ルブラン
訳：保篠龍緒
絵：依光隆

定価：本体 544 円（税別）
発行年：1983 年 9 月 10 日
出版社：講談社・青い鳥文庫
ISBN:4-06-147123-6
230 ページ

よんだ □　もってる □　5段階評価 1 2 3 4 5

有名《ゆうめい》な青色《あおいろ》ダイヤの持《も》ち主《ぬし》の男爵《だんしゃく》が殺《ころ》された。パリ警視庁《けいしちょう》のガニマル警部《けいぶ》は、犯人《はんにん》の目星《めぼし》をつけたが、怪盗《かいとう》ルパンにじゃまされる。警部《けいぶ》は手《て》におえなくなり、ルパンに勝《か》てる人《ひと》――イギリスの名探偵《めいたんてい》シャーロック＝ホームズが呼《よ》ばれてきた……名探偵《めいたんてい》と怪盗《かいとう》の対決《たいけつ》を、知恵《ちえ》くらべ、腕《うで》くらべでえがく痛快物語《つうかいものがたり》。

✣

ルパン対《たい》ホームズ。僕《ぼく》は読《よ》む前《まえ》から、すごい戦《たたか》いになるのではないかと思《おも》っていました。最初《さいしょ》は、ホームズが苦《くる》しんでいました。でも、ホームズは名探偵《めいたんてい》なので、なんとかすると思《おも》って応援《おうえん》しながら読《よ》んでました。負《ま》けそうになってもなんとかしようとするホームズが、僕《ぼく》は好《す》きです。

ホームズとルパンが戦《たたか》っているところが、いちばん迫力《はくりょく》があり、おもしろかったです。僕《ぼく》もかっこいいホームズのようになってみたいです。

（和歌山県・大塔村立大塔中学校・1年生
柯友希・会員番号 06776）

レッドウォール伝説《でんせつ》

モスフラワーの森《もり》

作：ブライアン・ジェイクス
訳：西郷容子
絵：ピート・ライアン

定価：本体 2800 円（税別）
発行年：2001 年 12 月 31 日
出版社：徳間書店
ISBN:4-19-861462-8
648 ページ

よんだ	もってる	5段階評価				
		1	2	3	4	5

モスフラワーの森《もり》は、ヤマネコの「千目族《せんめぞく》」に支配《しはい》されていた。ネズミの勇者《ゆうしゃ》マーティンは、アナグマの闘士《とうし》ボアを連《つ》れ戻《もど》すため、盗賊《とうぞく》ネズミ、モグラ、トガリネズミと、危険《きけん》な旅《たび》に出《で》た。はたして、マーティンたちは、真《しん》の自由《じゆう》と平和《へいわ》を取《と》り戻《もど》すことができるのか？　英米《えいべい》でロングセラーを続《つづ》けるシリーズの第《だい》2弾《だん》。

✣

この本《ほん》は、いま出版中《しゅっぱんちゅう》の3冊《さつ》で、いちばん時代《じだい》が古《ふる》い話《はなし》です。解読《かいどく》、冒険《ぼうけん》、友情《ゆうじょう》、歌《うた》、料理《りょうり》などが、この本《ほん》の好《す》きな要素《ようそ》です。

主人公《しゅじんこう》のマーティンは、なぞなぞの詩《し》を解《と》き、ボアのいる炎龍《えんりゅう》の高嶺《たかね》へ向《む》かいます。ボアには、モスフラワーの森《もり》の住民《じゅうみん》を苦《くる》しめているヤマネコの女王《じょおう》ツアーミナを倒《たお》すのに、力《ちから》になってもらいたいという理由《りゆう》があるため、マーティンの使命《しめい》はとても重要《じゅうよう》です。ずっとドキドキです。

（北海道・札幌市立屯田中央中学校・1年生
坂下沙紀・会員番号 05609）

私《わたし》の中《なか》に何《なに》かがいる

—テレパシー少女《しょうじょ》「蘭《らん》」事件《じけん》ノート3—

作：あさのあつこ
絵：塚越文雄

定価：本体580円（税別）
発行年：2001年6月15日
出版社：講談社・青い鳥文庫
ISBN:4-06-148562-8
246ページ

よんだ　もってる　5段階評価

よんだ	もってる	1	2	3	4	5

犬《いぬ》やネコたちがとつぜんさわぎだした夜《よる》をさかいに、蔦野市《つたのし》に野生動物《やせいどうぶつ》が出没《しゅつぼつ》しだし、蘭《らん》のクラスメートの純平《じゅんぺい》や千佳《ちか》たちに異変《いへん》がおこりはじめた。謎《なぞ》のかぎをにぎるおばあさんを追《お》った蘭《らん》たちは、やがて不思議《ふしぎ》な世界《せかい》にとじこめられ、そこで真《しん》の姿《すがた》をあらわした敵《てき》と対決《たいけつ》するが……。

超能力《ちょうのうりょく》を使《つか》って、蘭《らん》とユニークな仲間《なかま》たちが活躍《かつやく》する楽《たの》しいSF《エスエフ》ライト・ミステリー、お待《ま》たせの第《だい》3弾《だん》！

✣

現実世界《げんじつせかい》にはありえないようなことが起《お》こる話《はなし》です。それに、なんといっても蘭《らん》と翠《みどり》の力《ちから》がカッコイイです。自分《じぶん》も欲《ほ》しいくらい。翠《みどり》がズバッと事件《じけん》を解決《かいけつ》するところも好《す》きですが、いちばん気《き》に入《い》っているのは、翠《みどり》と蘭《らん》の会話《かいわ》です。思《おも》わず吹《ふ》き出《だ》してしまう。コントみたいで、たいへんおもしろいです。

（埼玉県・さいたま市立常盤中学校・1年生
ポケットモ〇キー・会員番号 06030）

坊《ぼ》っちゃんは名探偵《めいたんてい》！
――夏目少年《なつめしょうねん》とタイムスリップ探偵団《たんていだん》――

作：楠木誠一郎
絵：村田四郎

定価：本体 620 円（税別）
発行年：2001 年 12 月 15 日
出版社：講談社・青い鳥文庫
ISBN:4-06-148573-3
278 ページ

よんだ　もってる　５段階評価

よんだ	もってる	1	2	3	4	5

ひょんなことから明治時代《めいじじだい》にタイムスリップしてしまった、拓哉《たくや》・亮平《りょうへい》・香里《かおり》の3人組《にんぐみ》。さらに、若《わか》き夏《なつ》目漱石《めそうせき》と出会《であ》ってしまったから、またびっくり！　そこに、まだ幼《おさな》い樋口一葉《ひぐちいちよう》が誘拐《ゆうかい》される事件《じけん》がおこった。やがてとどいた奇妙《きみょう》な脅迫状《きょうはくじょう》、巨大迷路《きょだいめいろ》、消《き》えた身《み》の代金《しろきん》の謎《なぞ》、そしてメッセージに秘《ひ》められた暗号《あんごう》――たちふさがる多《おお》くの謎《なぞ》に、夏目少年《なつめしょうねん》と3人《にん》の探偵団《たんていだん》の名《めい》推理《すいり》がさえる!!

✣

好《す》きなところは、夏目漱石《なつめそうせき》や樋口一葉《ひぐちいちよう》、森鷗外《もりおうがい》が出《で》てくるところ。現代《げんだい》に住《す》む3人組《にんぐみ》が、タイムスリップして明治時代《めいじじだい》に来《き》てしまうのです。文豪《ぶんごう》の幼《おさな》い頃《ころ》に出会《であ》った3人《にん》の小学《しょうがく》6年生《ねんせい》。暗《あん》号文《ごうぶん》を解《と》いて、樋口一葉《ひぐちいちよう》の居所《いどころ》を探《さが》し、犯人《はんにん》を見《み》つけられるか？　暗号文《あんごうぶん》にはなにが隠《かく》されているのか？　ワクワク、ドキドキ、ハラハラしたよ。

（愛知県・豊橋市立高師台中学校・1年生
ラスムス・会員番号 06807）

読者のみなさまへ

SEIICHIROU KUSUNOKI

ぼくを小説家《しょうせつか》にした二冊《さつ》の本《ほん》

楠木誠一郎《くすのきせいいちろう》

「ぼ、ぼくは小説家《しょうせつか》になりたいです。」

将来《しょうらい》の希望《きぼう》を発表《はっぴょう》する授業《じゅぎょう》でそう口《くち》にしたとたん、五年《ねん》一組《くみ》の全員《ぜんいん》は静《しず》まりかえった。お医者《いしゃ》さんになりたい、電車《でんしゃ》の運転手《うんてんしゅ》になりたい、野球選手《やきゅうせんしゅ》になりたい……などの将来《しょうらい》の希望《きぼう》がつづいたあとだったので、クラスメートは「こいつ、なにいってんだ？」って顔《かお》してる。担任《たんにん》の先生《せんせい》があわててフォローしてくれた。

「小説家《しょうせつか》といっても、いろいろあるぞ。どんな小説家《しょうせつか》になりたいんだ？」

「え、えすえふ、ＳＦ小説家《エスエフしょうせつか》です！」

先生《せんせい》の顔《かお》がこおりついた。そして、とっても、がっかりした顔《かお》になった。きっと「夏目《なつめ》漱《そう》石《せき》みたいな小説家《しょうせつか》。」とか「森鷗外《もりおうがい》みたいな小説家《しょうせつか》。」という答《こた》えを期待《きたい》していたにちがいない。ぼくが小学校《しょうがっこう》のころは、文部省《もんぶしょう》（いまの文部科学省《もんぶかがくしょう》）推薦図書《すいせんとしょ》のようなマジメな本《ほん》以外《いがい》は、コソコソ読《よ》まなければならないような雰囲気《ふんいき》があった。明智小五郎《あけちこごろう》やシャーロック・ホームズや怪盗《かいとう》ルパンの登場《とうじょう》する推理小説《すいりしょうせつ》は人気《にんき》があったけど、ＳＦ小説《エスエフしょうせつ》は、いまほど知《し》られていなかった。

ぼくのＳＦ《エスエフ》の原点《げんてん》は、これまでもエッセイで何度《なんど》か書《か》いたけどジュール・ヴェルヌの『地底旅行《ちていりょこう》』。先生《せんせい》に科学《かがく》の本《ほん》を読《よ》みなさいっていわれて、まさかＳＦ《エスエフ》（空想《くうそう》「科学《かがく》」小説《しょうせつ》）とも知《し》らずに買《か》ってもらって読《よ》んだのがきっかけ。暗記《あんき》するほど繰《く》り返《かえ》し繰《く》り返《かえ》し読《よ》み、リデンブロック教授《きょうじゅ》とアクセルが解読《かいどく》したような暗号《あんごう》づくりに熱中《ねっちゅう》した。ノートに、さし絵《え》入《い》りの自称《じしょう》ＳＦ小説《エスエフしょうせつ》を書《か》いたりもした。

中学校《ちゅうがっこう》に上《あ》がったら星新一《ほししんいち》のショートショートも読《よ》んだけど、興味《きょうみ》はミステリーに移《うつ》った。ドキドキするほど楽《たの》しかったのがリンドグレーンの『名探偵《めいたんてい》カッレくん』シリーズ。これが原点《げんてん》。カッレくんのように虫《むし》めがね片手《かたて》に地面《じめん》をはうようなことまではしなかったけど、お小遣《こづか》いで虫《むし》めがねを買《か》った記憶《きおく》がある。

父親《ちちおや》はなにもいわなかったけど、母親《ははおや》には「勉強《べんきょう》もしないで、またヘンなもの読《よ》んでる！」ってしかられた。だから夏目漱石《なつめそうせき》などのよい子《こ》のための本《ほん》は堂々《どうどう》と読《よ》んで、ミステリーはコソコソ読《よ》んだ。コソコソ読《よ》むとドキドキした。ドキドキしながら読《よ》むと、もっとワクワクした。

いま、ぼくは青《あお》い鳥文庫《とりぶんこ》でタイムスリップ探偵団《たんていだん》が活躍《かつやく》する「名探偵《めいたんてい》！」シリーズを書《か》いている。毎回《まいかい》、歴史上《れきしじょう》の有名人《ゆうめいじん》がゲスト出演《しゅつえん》するＳＦ《エスエフ》とミステリーのミックス小説《しょうせつ》だ。大好《だいす》きだった暗号《あんごう》も登場《とうじょう》する。

小学校《しょうがっこう》から中学校《ちゅうがっこう》にかけてコソコソ読《よ》んだころのドキドキやワクワクが、いまのぼくの原動力《げんどうりょく》になっている。

中２
おすすめの本

赤毛のアン
江戸川乱歩傑作選
かくれ家は空の上
教室―６年１組がこわれた日―
クレヨン王国新十二か月の旅
五体不満足
十二国記　月の影　影の海
新シェーラひめのぼうけん　ふたりの王女
ズッコケ三人組のバック・トゥ・ザ・フューチャー
チョコレート工場の秘密
天使のはしご１
ドッグ・シェルター　犬と少年たちの再出航
トラベリング・パンツ
トラベリング・パンツ　セカンドサマー
パスワード春夏秋冬（上）
ハッピーバースデー
ハッピー・ボーイ
秘密が見える目の少女
不思議を売る男
ふたり
ふぶきのあした
星の王子さま
星のかけら　PART Ｉ
待てばカイロの盗みあり
魔法使いが落ちてきた夏
バイバイ　スクール

赤《あか》毛《げ》のアン

作：ルーシー＝モード＝モンゴメリー
訳：村岡花子
絵：新井苑子

定価：本体580円（税別）
発行年：1984年7月10日
出版社：講談社・青い鳥文庫
ISBN:4-06-147144-9
270ページ

よんだ	もってる	5段階評価
□	□	1 2 3 4 5

マシューとマリラのクスバート兄妹《きょうだい》は、孤児院《こじいん》から男《おとこ》の子《こ》をひきとることにしたが、やってきたのは赤毛《あかげ》ののそばかすだらけの女《おんな》の子《こ》だった。おしゃべりで、空《くう》想《そう》ずきのアンが巻《ま》きおこす騒《さわ》ぎは、ふしぎと人々《ひとびと》の気《き》持《も》ちをなごませた——クスバート兄妹《きょうだい》とアンの心《こころ》あたたまる生活《せいかつ》をえがいた名作《めいさく》。

✣

最近《さいきん》いやなことがあった。悲《かな》しい出来事《できごと》にあってしまった。そんなことがあったら、この本《ほん》を開《ひら》いてください。心《こころ》の中《なか》の悲《かな》しみ、つらさを、この本《ほん》が幸《しあわ》せ、楽《たの》しさにきっと変《か》えてくれるはずです。私《わたし》もその一人《ひとり》でした。

一生《いっしょう》に一度《ど》、いや、一生《いっしょう》に何回《なんかい》でも読《よ》みたくなる本《ほん》になるでしょう。

（栃木県・宇都宮市立星が丘中学校・2年生
森田真奈美・会員番号05245）

江戸川《えどがわ》乱歩《らんぽ》傑作選《けっさくせん》

作：江戸川乱歩
絵：西島千春

定価：本体 438 円（税別）
発行年：1960 年 12 月 24 日
出版社：新潮社・新潮文庫
ISBN:4-10-114901-1
303 ページ

よんだ　もってる　5段階評価
□　□　1 2 3 4 5

日本《にほん》における本格探偵小説《ほんかくたんていしょうせつ》を確立《かくりつ》したばかりではなく、恐怖小説《きょうふしょうせつ》とでも呼《よ》ぶべき芸術小説《げいじゅつしょうせつ》をも創《つく》り出《だ》した乱歩《らんぽ》の初期《しょき》を代表《だいひょう》する傑作《けっさく》9編《へん》を収《おさ》める。特異《とくい》な暗号《あんごう》コードによる巧妙《こうみょう》なトリックを用《もち》いた処女作《しょじょさく》「二《に》銭《せん》銅《どう》貨《か》」、苦痛《くつう》と快楽《かいらく》と惨劇《さんげき》を描《えが》いて著者《ちょしゃ》の怪奇趣味《かいきしゅみ》の極限《きょくげん》を代表《だいひょう》する「芋虫《いもむし》」、他《ほか》に「二《に》癈人《はいじん》」「D坂《ディーざか》の殺人事件《さつじんじけん》」「心理試験《しんりしけん》」「赤《あか》い部屋《へや》」「屋根裏《やねうら》の散歩者《さんぽしゃ》」「人間椅子《にんげんいす》」「鏡地獄《かがみじごく》」。

僕《ぼく》の「最後《さいご》は犯人《はんにん》が捕《つか》まって終《お》わり」というミステリーへの考《かんが》えを、くつがえしてしまった一冊《さつ》です。暗号《あんごう》が出《で》てくる「二《に》銭《せん》銅《どう》貨《か》」、不思議《ふしぎ》な雰囲気《ふんいき》の「芋虫《いもむし》」など初期《しょき》の傑作《けっさく》9編《へん》を収《おさ》めています。「乱歩《らんぽ》の作品《さくひん》は初《はじ》めて」という人《ひと》でも、充分《じゅうぶん》楽《たの》しめるミステリー好《ず》きへのおすすめの一冊《さつ》です。この本《ほん》を機《き》に、ミステリーにはまってみませんか。

（福島県・いわき市立四倉中学校・2年生
S・G・会員番号 01192）

小4まで
小5
小6
中1
中2
中3
高校以上

かくれ家《が》は空《そら》の上《うえ》

作：柏葉幸子
絵：ヒロナガシンイチ

定価：本体 620 円（税別）
発行年：2000 年 10 月 15 日
出版社：講談社・青い鳥文庫
ISBN:4-06-148541-5
270 ページ

よんだ	もってる	5段階評価
□	□	1 2 3 4 5

夏休《なつやす》みのはじめ、あゆみの部屋《へや》にとつぜんイソウロウがやってきた。口《くち》は悪《わる》いうえ、鼻《はな》がまがるほどくさい小人《こびと》の魔女《まじょ》だ。しかも彼女《かのじょ》は記憶喪失《きおくそうしつ》。あゆみは自《じ》分《ぶん》の名前《なまえ》もどこからきたのかも思《おも》い出《だ》せない魔女《まじょ》を、自分《じぶん》の国《くに》へ帰《かえ》れるように手助《てだす》けすることにしたが、魔《ま》法《ほう》でつぎつぎと事件《じけん》を引《ひ》き起《お》こされ……。

✣

この世《よ》には、魔女《まじょ》や座敷童子《ざしきわらし》、仙人《せんにん》なんてものがいたのか……。なんて考《かんが》えながら、楽《たの》しく読《よ》みました。いろいろな冒険《ぼうけん》をしながら、話《はなし》は進《すす》んでいきますが、なんといっても、あゆみとイジワル魔女《まじょ》のコンビが最高《さいこう》です。二人《ふたり》の会話《かいわ》は、何度《なんど》読《よ》んでもあきません！

（神奈川県・品川女子学院中学校・2年生
片岡郁乃・会員番号 02438）

小4まで
小5
小6
中1
中2
中3
高校以上

教室《きょうしつ》

―6年《ねん》1組《くみ》がこわれた日《ひ》―

作：斉藤栄美

絵：武田美穂

定価：本体 1000 円（税別）

発行年：1999 年 12 月

出版社：ポプラ社

ISBN:4-591-06244-9

191 ページ

よんだ　もってる　5段階評価

よんだ	もってる	1	2	3	4	5

胸《むね》がせつなくなるほど、うれしいこと。ねむれなくなるくらい、くやしいこと。けたたましい歓声《かんせい》や、はじけだす笑《わら》い声《ごえ》。いっしょにいるだけで、心《こころ》がおどりだす大《だい》好《す》きなともだち。そして、ときどきは涙《なみだ》も……。この四《し》角《かく》い教室《きょうしつ》には、だいじなものがいっぱいつまっている――。

この本《ほん》は、私《わたし》が小学《しょうがく》5年生《ねんせい》のときに課題図書《かだいとしょ》になりました。それがきっかけで読《よ》んでみました。もくじを見《み》ると、「風鈴《ふうりん》」「にきび」「ホイッスル」と、ユーモラスな題《だい》ばかりで楽《たの》しそうなものばかりです。しかし、この本《ほん》のテーマは「いじめ」です。先生《せんせい》にひいきされているだけでいじめられるはるひ。もしかしたらこんな場面《ばめん》に自分《じぶん》も遭遇《そうぐう》するかもしれません。

最後《さいご》のクラス会《かい》のシーンではきっと涙《なみだ》することでしょう。強《つよ》く心《こころ》に響《ひび》きます。

（愛知県・一宮市立大和中学校・2年生
加藤美紅・会員番号 05871）

クレヨン王国《おうこく》
新《しん》十二か月《げつ》の旅《たび》

作：福永令三
絵：三木由記子

定価：本体670円（税別）
発行年：1988年2月10日
出版社：講談社・青い鳥文庫
ISBN:4-06-147236-4
294ページ

よんだ	もってる	5段階評価
□	□	1 2 3 4 5

わるいくせをなおしたシルバー王妃《おうひ》は、いまでは申《もう》し分《ぶん》のない王妃《おうひ》。飲《の》む人《ひと》の口《くち》からわがままを吸《す》いとる、野菜《やさい》の絵《え》のついたカップを使《つか》って、〝完全《かんぜん》〟な王妃《おうひ》を保《たも》っていました。でもそれは、とてもつまらなくて、つかれる生活《せいかつ》でした。ある日《ひ》、一年牢《いちねんろう》というおそろしいブラックホールに落《お》ちた王妃《おうひ》は、カップからぬけだした野菜《やさい》たちと、12か月《げつ》の旅《たび》へ……。

✣

私《わたし》はこの本《ほん》が大好《だいす》きです。前作《ぜんさく》『クレヨン王国《おうこく》の十二か月《げつ》』以上《いじょう》にワクワクドキドキした本《ほん》でした。

主人公《しゅじんこう》のシルバー王妃《おうひ》は私《わたし》に似《に》ているところがあって、すぐにこの本《ほん》の中《なか》に引《ひ》きこまれていきました。あなたも読《よ》んでみてください。おもしろくて、はちゃめちゃなシルバー王妃《おうひ》と12人《にん》の野菜《やさい》たちの物語《ものがたり》を。

（福島県・郡山市立郡山第二中学校・2年生
空・会員番号02299）

五体不満足《ごたいふまんぞく》

作：乙武洋匡
絵：武田美穂

定価：本体 670 円（税別）
発行年：2000 年 6 月 15 日
出版社：講談社・青い鳥文庫
ISBN:4-06-148534-2
300 ページ

よんだ もってる 5段階評価 1 2 3 4 5

「障害《しょうがい》をもっていても、ボクは毎日《まいにち》が楽《たの》しいよ。」両手《りょうて》と両足《りょうあし》がなくったって、いつもいきいきとしているオトちゃんこと乙武洋匡《おとたけひろただ》さん。ひみつはすてきな家族《かぞく》と友《とも》だち、それに小学校《しょうがっこう》のころは、とっくみあいのけんかもしたという負《ま》けずぎらいの性格《せいかく》にもありそうです。だれよりも元気《げんき》に、明《あか》るく暮《く》らしているオトちゃんのゆかいで痛快《つうかい》な半生記《はんせいき》！

✣

アメリカ生《う》まれの私《わたし》は、学校《がっこう》とか街《まち》へ行《い》くと、障害者《しょうがいしゃ》＝特別視《とくべつし》、個性《こせい》の豊《ゆた》かな人《ひと》＝変《か》わっている人《ひと》と見《み》られて、いやでしかたありませんでした。

この本《ほん》を見《み》て「どんな人《ひと》なんだろう？」と読《よ》んでみると、乙武《おとたけ》さんがいつもいきいきしていて、だんだんと自分《じぶん》に笑顔《えがお》が戻《もど》りました。どんなに暗《くら》い気持《きも》ちのときでも『五体不満足《ごたいふまんぞく》』を読《よ》めば、明《あか》るいステキな笑顔《えがお》になること間違《まちが》いナシです!!

（栃木県・宇都宮市立姿川中学校・2年生
給食長・会員番号 05742）

十二国記《じゅうにこくき》

月《つき》の影《かげ》　影《かげ》の海《うみ》

作：小野不由美

定価：本体533円（税別）
発行年：2001年1月15日
出版社：講談社・講談社文庫
ISBN:4-06-264773-7
264ページ

よんだ	もってる	5段階評価				
		1	2	3	4	5

謎《なぞ》の男《おとこ》、ケイキとともに海《うみ》に映《うつ》る月《つき》の光《ひかり》をくぐりぬけ、高校生《こうこうせい》の陽子《ようこ》がたどりついたのは地図《ちず》にない国《くに》——巧国《こうこく》。おだやかな風景《ふうけい》とは裏腹《うらはら》に闇《やみ》から躍《おど》り出《で》た異形《いぎょう》の獣《けもの》たちとの苛烈《かれつ》な戦《たたか》いに突《つ》きおとされる。なぜ、孤《こ》独《どく》な旅《たび》を続《つづ》ける運命《さだめ》となったのか、天《てん》の意《い》とは何《なに》か。『屍鬼《しき》』の著者《ちょしゃ》が綴《つづ》る愛《あい》と冒険《ぼうけん》のスペクタクル。

✣

寿命《じゅみょう》のない王《おう》が麒麟《きりん》と国《くに》を治《おさ》める！　人間《にんげん》も獣《けもの》も、木《き》に実《みの》って生《う》まれる！　それが十二国《じゅうにこく》の世界《せかい》。不思議《ふしぎ》で、奇妙《きみょう》で、憧《あこが》れを感《かん》じます。そして、謎《なぞ》の男《おとこ》の言葉《ことば》。「あなたは私《わたし》の主《あるじ》、お迎《むか》えにまいりました。」イキナリこんなことを言《い》われたら!?　不思《ふし》議《ぎ》で、謎《なぞ》めいていて、せつなくて、おもしろくて、読《よ》みだしたら絶対手《ぜったいて》が止《と》まらないこと間違《まちが》いナシ！　ページを開《ひら》くごとに深《ふか》まる、神秘《しんぴ》さにうたれるのが好《す》きです。

（奈良県・広陵町立真美ヶ丘中学校・2年生
岡田美奈・会員番号04058）

新《しん》シェーラひめのぼうけん

ふたりの王女《おうじょ》

作：村山早紀
絵：佐竹美保

定価：本体 560 円（税別）
発行年：2003 年 3 月
出版社：童心社・フォア文庫
ISBN:4-494-02769-3
160 ページ

よんだ　もってる　5段階評価

よんだ	もってる	1	2	3	4	5

シェーラとファリードの間《あいだ》に生《う》まれたふたごの王女《おうじょ》、ルビーひめとサファイヤひめ。ふたりが12歳《さい》になったとき、世界《せかい》をほろぼすおそろしい災厄《さいやく》がせまっていた……！

✣

フォア文庫《ぶんこ》の『シェーラひめのぼうけん』を読《よ》んだことはありますか？　この本《ほん》はそのシェーラひめの娘《むすめ》が活躍《かつやく》する本《ほん》です。

世界《せかい》の破滅《はめつ》を防《ふせ》ぐために、自《みずか》ら死《し》を選《えら》んだ父《ちち》、ファリードを救《すく》うために双子《ふたご》の王女《おうじょ》は危険《きけん》な泉《いずみ》に出《で》かけます。しかし、この二人《ふたり》、とっても仲《なか》が悪《わる》いのです。でも、泉《いずみ》へ行《い》くことによって、だんだん仲《なか》のよかった昔《むかし》にもどっていくんです！　ちょっとなやむ年《とし》ごろのこの二人《ふたり》、おちゃめな両親《りょうしん》に楽《たの》しい仲間《なかま》。見逃《みのが》せない一冊《さつ》です！

（宮城県・唐桑町立小原木中学校・2年生
愛田絵理・会員番号 05658）

ズッコケ三人組《にんぐみ》の
バック・トゥ・ザ・フューチャー

作：那須正幹
絵：前川かずお
　　高橋信也

定価：本体 1000 円（税別）
発行年：1999 年 12 月
出版社：ポプラ社
ISBN:4-591-06242-2
214 ページ

よんだ	もってる	5段階評価
□	□	1 2 3 4 5

花山第《はなやまだい》二小学校《しょうがっこう》6年《ねん》1組《くみ》の、ハチベエ、モーちゃん、ハカセ。いつもの3人《にん》が自分史《じぶんし》作《づく》りに取《と》り組《く》んだ。ハチベエの目的《もくてき》は、初恋《はつこい》（？）の女《おんな》の子《こ》を探《さが》すことだった。その過程《かてい》で、三人組《にんぐみ》がどのように知《し》り合《あ》い、仲《なか》よくなったのかという歴史《れきし》も明《あき》らかになる。

おなじみの三人組《にんぐみ》の過去《かこ》が、今明《いまあき》らかになる！　ハチベエ、ハカセ、モーちゃん、どうしてこんなあだ名《な》がついたのだと思《おも》いますか？　この本《ほん》を読《よ》めばすべてが分《わ》かります。私《わたし》は小学生《しょうがくせい》のとき、ズッコケシリーズをたくさん読《よ》みましたが、この本《ほん》がおすすめです。シリーズをまだ読《よ》んだことのない小学生《しょうがくせい》の子《こ》、小《ちい》さい字《じ》がイヤだといって逃《に》げてませんか？　このズッコケ三人組《にんぐみ》シリーズは読《よ》みやすいです。おもしろいです。保証《ほしょう》します!!

（愛知県・一宮市立大和中学校・2年生
加藤美紅・会員番号 05871）

小4まで
小5
小6
中1
中2
中3
高校以上

チョコレート工場《こうじょう》の秘密《ひみつ》

作：ロアルド・ダール
訳：田村隆一
絵：ジョセフ・シンデルマン

定価：本体 1400 円（税別）
発行年：1972 年 9 月 10 日
出版社：評論社
ISBN:4-566-01051-1
238 ページ

よんだ	もってる	5段階評価				
		1	2	3	4	5

世界一《せかいいち》おいしいお菓子《かし》をつくる秘密《ひみつ》の工場《こうじょう》に案内《あんない》された5人《にん》の子《こ》どもたち――チョコレートの川《かわ》や金《きん》の卵《たまご》を産《う》むがちょうなど、奇想天外《きそうてんがい》な場面《ばめん》が次々《つぎつぎ》と現《あらわ》れる楽《たの》しい物語《ものがたり》。

「ウィリー・ワンカの工場見学《こうじょうけんがく》ができる。」それはチョコレートの中《なか》に包《つつ》まれた、世界《せかい》にたった5枚《まい》の金色《きんいろ》の券《けん》。

選《えら》ばれた5人《にん》のうち、4人《にん》は、甘《あま》やかされっ子《こ》で独特《どくとく》の子《こ》どもたち。そして主人公《しゅじんこう》のチャーリーは、その中《なか》でただ一人《ひとり》の貧《まず》しい子《こ》。工場《こうじょう》には、おもしろいものがたくさんで、その誘惑《ゆうわく》に負《ま》けてつぎつぎと姿《すがた》を消《け》していく子《こ》どもたち。透明板《とうめいいた》チョコ、虹《にじ》のドロップ、糖衣鉛筆《とういえんぴつ》、果物《くだもの》の壁紙《かべがみ》、溶《と》けないアメ……。現代《げんだい》にこんなお菓子《かし》があったらいいなと思《おも》ってしまいます。

（東京都・東京学芸大学教育学部附属世田谷中学校・2年生
吉田彩・会員番号 03109）

天使《てんし》のはしご１

JACOB'S LADDER

作：名木田恵子
絵：武田綾子

定価：本体 580 円（税別）
発行年：2002 年 5 月 24 日
出版社：講談社・青い鳥文庫
ISBN:4-06-148584-9
230 ページ

よんだ　もってる　５段階評価
1 2 3 4 5

〝心《こころ》に深《ふか》い傷《きず》を負《お》い、〝声《こえ》〟を失《うしな》った少女《しょうじょ》、紅絹《もみ》。姉《あね》・生絹《すずし》ともひきはなされて祖母《そぼ》と暮《く》らすある日《ひ》、キックボクシングに青春《せいしゅん》をかける少年《しょうねん》、想志《そうし》と出会《であ》う。想志《そうし》との交流《こうりゅう》にひとすじの光《ひかり》を見出《みいだ》す紅絹《もみ》。やがて迎《むか》えた、想志《そうし》とライバル・竜人《りゅうど》との対戦《たいせん》の日《ひ》、宿命《しゅくめい》のゴングが鳴《な》りひびく――。

〝愛《あい》と許《ゆる》し〟をテーマに少女《しょうじょ》の魂《たましい》の救済《きゅうさい》を描《えが》く感動長《かんどうちょう》編《へん》、スタート！

中《ちゅう》1の紅絹《もみ》は、2度《ど》も愛《あい》する人《ひと》の死《し》を体験《たいけん》します。心《こころ》の葛藤《かっとう》、壊《こわ》れていく周《まわ》りの環境《かんきょう》や人々《ひとびと》、いじめ……。どんなにつらいことがあっても、紅絹《もみ》は、〝かけがえのない他人《たにん》〟の力《ちから》を借《か》りて、立《た》ち上《あ》がります。読《よ》んでいて涙《なみだ》が出《で》てくる場面《ばめん》もあります。

人生《じんせい》は楽《たの》しいことばかりじゃないけど、きっと私《わたし》にも幸《しあわ》せな時《とき》がくる、と思《おも》える本《ほん》です。

（東京都・墨田区立墨田中学校・2年生
スカイブルー・会員番号01013）

ドッグ・シェルター

犬《いぬ》と少年《しょうねん》たちの再出航《たびだち》

著：今西乃子
写真：浜田一男

定価：本体 1200 円（税別）
発行年：2002 年 11 月
出版社：金の星社
ISBN:4-323-06078-5
158 ページ

よんだ	もってる	5段階評価
□	□	1 2 3 4 5

ドッグ・シェルター。野良犬《のらいぬ》や捨《す》て犬《いぬ》を捕獲《ほかく》し処分《しょぶん》するのではなく、本当《ほんとう》の意味《いみ》で「保護《ほご》」する施設《しせつ》のこと。犬《いぬ》たちは、ここから新《あたら》しい飼《か》い主《ぬし》のもとへと巣立《すだ》っていく。プロジェクト・プーチでは、その犬《いぬ》の世話《せわ》を少年院《しょうねんいん》の子《こ》どもたちがおこなっている。一度《いちど》は人《ひと》に捨《す》てられた犬《いぬ》と、過《あやま》ちを犯《おか》した少年《しょうねん》たち。ふたたび「生命《せいめい》」をとりもどし、彼《かれ》らの人生《じんせい》がここプーチから新《あら》たな鼓動《こどう》を始《はじ》める。

✣

少年院《しょうねんいん》の子《こ》どもたちが、人《ひと》に捨《す》てられた犬《いぬ》を調《ちょう》教《きょう》する、アメリカの話《はなし》。信頼《しんらい》することの素晴《すば》らしさ、動物《どうぶつ》の素直《すなお》さなどを教《おし》えられました。
少年院《しょうねんいん》にいる子《こ》どもの中《なか》には、一度《いちど》も罪《つみ》を犯《おか》したことのない私《わたし》たちより、しっかりした正《ただ》しい考《かんが》えと、格別《かくべつ》な優《やさ》しさを持《も》っている子《こ》がいることに驚《おどろ》きました。先入観《せんにゅうかん》を持《も》っていても、それを変《か》えることができるものが、この本《ほん》にはありました！

（愛知県・名古屋市立守山西中学校・2年生
今沙・会員番号 06690）

トラベリング・パンツ

作：アン・ブラッシェアーズ
訳：大嶌双恵

定価：本体 1380 円（税別）
発行年：2002 年 4 月
出版社：理論社
ISBN:4-652-07712-2
388 ページ

よんだ もってる 5段階評価
□ □ 1 2 3 4 5

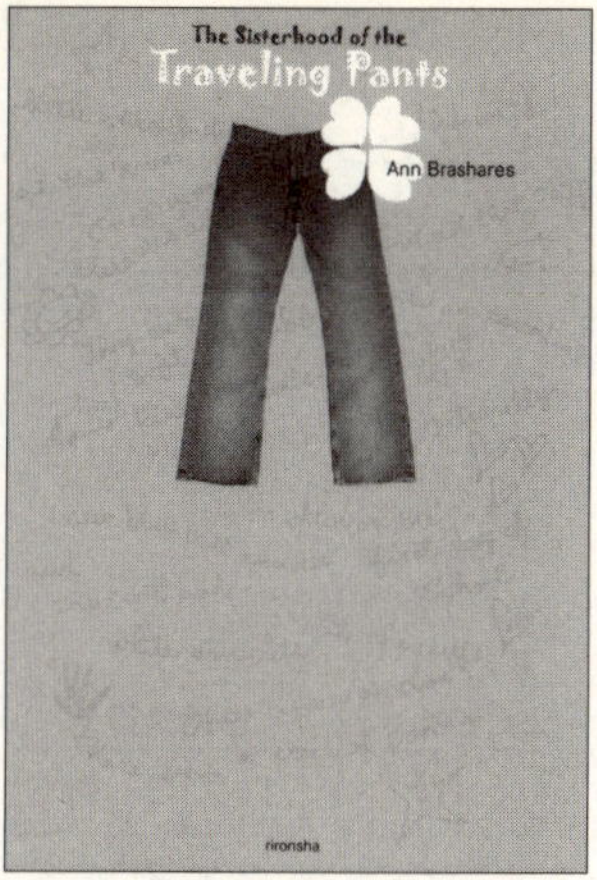

古着屋《ふるぎや》でみつけた「トラベリング・パンツ」は、不思議《ふしぎ》なジーンズだった。体型《たいけい》がまったく違《ちが》う4人《にん》のだれがはいてもぴったりで、その人《ひと》をステキに見《み》せてくれた。ジーンズは、レーナ、ブリジット、ティビー、カルメンに、勇気《ゆうき》とやすらぎを与《あた》えてくれた。4人《にん》が過《す》ごした16歳《さい》の夏《なつ》の日《ひ》の物語《ものがたり》。

✣

4人《にん》がバラバラに過《す》ごす夏《なつ》は初《はじ》めて。私《わたし》は、トラベリング・パンツが楽《たの》しいものを連《つ》れてきて、ハッピーになるのかと思《おも》って読《よ》んでいた。

でも、やっぱり楽《たの》しいことだけでは終《お》わらない。ハプニングやショック。それぞれの女《おんな》の子《こ》の気持《きも》ちになって読《よ》んでいると、気持《きも》ちがよく伝《つた》わってきて、励《はげ》ましたくなる。こんなふうに、この本《ほん》を読《よ》んでいると、いろいろな感情《かんじょう》があふれてくる。私《わたし》は、この本《ほん》が大好《だいす》きです。

（茨城県・つくば市立竹園東中学校・2年生
さきちゃん・会員番号 02337）

トラベリング・パンツ

セカンドサマー

作：アン・ブラッシェアーズ
訳：大嶌双恵

定価：本体1480円（税別）
発行年：2003年6月
出版社：理論社
ISBN:4-652-07729-7
438ページ

よんだ　もってる　5段階評価

□　□　1 2 3 4 5

前作《ぜんさく》から1年《ねん》。トラベリング・パンツは、クローゼットで静《しず》かに休《やす》んでいた。絶対《ぜったい》に洗《あら》わない決《き》まりだから、はくのはほどほどにしなければならないからだ。でも、4人《にん》はみんな、一日《いちにち》たりとも忘《わす》れたことはなかった。ふたたび必要《ひつよう》とされる日《ひ》まで、じっと不思議《ふしぎ》な力《ちから》をたくわえた、あのジーンズのことを。

✣

『トラベリング・パンツ』の続編《ぞくへん》です。去年《きょねん》の夏《なつ》のように、魔法《まほう》のパンツは力《ちから》を発揮《はっき》してくれるのか。

とてもドキドキして、先《さき》へ先《さき》へと読《よ》んでしまいます。物語《ものがたり》に吸《す》いこまれて、自分《じぶん》も、物語《ものがたり》の中《なか》の4人《にん》といっしょにいたくなります。いっしょに喜《よろこ》んであげたい、泣《な》いてあげたい……。

この本《ほん》を読《よ》んで、女《おんな》の子《こ》の心《こころ》を感《かん》じてください。

（茨城県・つくば市立竹園東中学校・2年生
さき・会員番号02337）

パスワード春《しゅん》夏《か》秋《しゅう》冬《とう》(上)

—パソコン通信探偵団事件《つうしんたんていだんじけん》ノート11—

作：松原秀行
絵：梶山直美

定価：本体 620 円（税別）
発行年：2002 年 3 月 15 日
出版社：講談社・青い鳥文庫
ISBN:4-06-148578-4
302 ページ

よんだ　もってる　５段階評価

1　2　3　4　5

長《なが》い間行方不明《あいだゆくえふめい》だった、ダイの伯父《おじ》さんが帰《かえ》ってきた。同時《どうじ》に、ダイの住《す》む町《まち》をゆるがす大事件《だいじけん》が発生《はっせい》。ダイのダイ活躍《かつやく》の始《はじ》まりだい!!

一方《いっぽう》、みずきは県対抗駅伝《けんたいこうえきでん》に出場《しゅつじょう》して、激走《げきそう》また激《げき》走《そう》。白熱《はくねつ》したレースの結果《けっか》は!?　さらに、みずきを待《ま》っていた信《しん》じられない怪事件《かいじけん》とは!?

ダイとみずきがそれぞれ主人公《しゅじんこう》の、ユニークな短編《たんぺん》連作《れんさく》シリーズ第《だい》1弾《だん》!!

✣

パスワードシリーズは全巻読《ぜんかんよ》みましたが、今回《こんかい》も、とても人物《じんぶつ》の個性《こせい》が出《で》ていてよかったです。

この本《ほん》は、マコトではなく他《ほか》の４人《にん》が主人公《しゅじんこう》となって、話《はなし》が進《すす》められていきます。上巻《じょうかん》は、みずきとダイの物語《ものがたり》です。下巻《げかん》での、まどかと飛鳥《あすか》の活躍《かつやく》っぷりもいいですが、まずはこの上巻《じょうかん》を皆《みな》さんにおすすめしたいと思《おも》います。

（東京都・東京朝鮮中高級学校中級部・２年生
李鈺連・会員番号０６１０４）

ハッピーバースデー

命《いのち》かがやく瞬間《とき》

作：青木和雄
画：加藤美紀

定価：本体 1300 円（税別）
発行年：1997 年 12 月
出版社：金の星社
ISBN:4-323-02527-0
254 ページ

よんだ	もってる	5段階評価				
		1	2	3	4	5

11歳《さい》の誕生日《たんじょうび》に「おまえ、生《う》まれてこなきゃよかったよな。」とママと兄《あに》から言《い》われ、あすかは声《こえ》をなくしてしまう。なんとか回復《かいふく》したあすかは、「自分《じぶん》は自分《じぶん》として生《い》きる」と、強《つよ》く心《こころ》にちかった。しかし、ママや兄《あに》にも問題《もんだい》があり、さらに、大好《だいす》きな人《ひと》たちとの永遠《えいえん》の別《わか》れも体験《たいけん》するあすか。

✣

この本《ほん》は、自分《じぶん》に自信《じしん》をなくしたときに読《よ》むと、ふつうに読《よ》んだときには分《わ》からないことが見《み》えてくる本《ほん》です。

声《こえ》を失《うしな》った主人公《しゅじんこう》のあすかが、周《まわ》りに支《ささ》えられ、声《こえ》と、生《い》きたいという気持《きも》ちを取《と》り戻《もど》す瞬間《しゅんかん》が見《み》どころです。声《こえ》を取《と》り戻《もど》したあとも、大好《だいす》きな祖父《そふ》と、親友《しんゆう》めぐみの死《し》など、いろいろなことが起《お》きるけど、それでも前向《まえむ》きに生《い》きるあすかがすてきです。

（青森県・平賀町立平賀西中学校・2年生
マドカ・会員番号 03283）

ハッピー・ボーイ

作：ジェリー・スピネッリ
訳：千葉茂樹

定価：本体 1280 円（税別）
発行年：2003 年 2 月
出版社：理論社
ISBN:4-652-07723-8
287 ページ

よんだ　もってる　５段階評価

よんだ	もってる	1	2	3	4	5

そいつはいつも、一番前《いちばんまえ》の席《せき》ではりきっていた。そいつは、ものすごく字《じ》がヘタだった。で、シールが好《す》きだった。サッカーの試合中《しあいちゅう》はずっと走《はし》り回《まわ》っていた。苦手《にがて》なくせに。そいつには、ばあさんの友《とも》だちがいた。それから、そいつはある雪《ゆき》の日《ひ》……これは小《ちい》さな奇跡《きせき》の物語《ものがたり》。

第一印象《だいいちいんしょう》は、HAPPY《ハッピー》！　でした。初《はじ》めの数《すう》ページを読《よ》んだだけで、こんなに心《こころ》が温《あたた》かくなる本《ほん》なんて、めったにありません。

不器用《ぶきよう》で、自然《しぜん》なやさしさが伝《つた》わってきて、字《じ》が下手《へた》で、いつも一番前《いちばんまえ》の席《せき》ではりきっている、そんな登場人物《とうじょうじんぶつ》の姿《すがた》は、私《わたし》のおもしろおかしいクラスメートに、恐《おそ》ろしくそっくりです。

きっと誰《だれ》もが「こんな子《こ》、私《わたし》の学校《がっこう》にもいる！」なんて思《おも》えるはずです。読《よ》んだらその人《ひと》が少《すこ》しずつ見《み》えてくる、そんな本《ほん》です。

（栃木県・宇都宮市立星が丘中学校・2年生
森田真奈美・会員番号05245）

秘密《ひみつ》が見《み》える目《め》の少女《しょうじょ》

作：リーネ・コーバベル
訳：木村由利子
絵：横田美晴

定価：本体 1500 円（税別）
発行年：2003 年 2 月 15 日
出版社：早川書房
ISBN:4-15-250007-7
294 ページ

よんだ　もってる　5段階評価

1	2	3	4	5

あたしはディナ、10歳《さい》。目《め》を見《み》るだけで相手《あいて》の秘密《ひみつ》がわかってしまう、〝恥《はじ》あらわし〟という能力《のうりょく》を持《も》っている。母《かあ》さんから受《う》けついだこの目《め》のせいで仲間《なかま》はずれにされ、たまらない。でも、母《かあ》さんがおそろしい事《じ》件《けん》に巻《ま》きこまれたことを知《し》って、あたしは自分《じぶん》の力《ちから》を武器《ぶき》に、助《たす》けだす決意《けつい》をした！

✣

主人公《しゅじんこう》のディナは、人《ひと》の目《め》を見《み》ただけで、その相手《あいて》の秘密《ひみつ》が見《み》えてしまう、「恥《はじ》あらわし」という不思議《ふしぎ》な能力《のうりょく》を持《も》っている。その力《ちから》のせいで、誰《だれ》もディナに近寄《ちかよ》ろうとはしない。

ある日《ひ》、ディナの母《はは》が「恥《はじ》あらわし」の仕事《しごと》で大変《たいへん》な事件《じけん》に巻《ま》き込《こ》まれてしまう。ディナは母《はは》を、力《ちから》を武器《ぶき》に助《たす》けだす決心《けっしん》をするが、ドラゴンが現《あらわ》れたり、魔女《まじょ》の娘《むすめ》と捕《つか》まりそうになったり。ハラハラドキドキどんどんのめりこんでいく！

（愛知県・長久手町立長久手中学校・2年生
松下真夕・会員番号０４７４５）

不思議《ふしぎ》を売《う》る男《おとこ》

作：ジェラルディン・マコーリアン
訳：金原瑞人
絵：佐竹美保

定価：本体 1500 円（税別）
発行年：1998 年 6 月
出版社：偕成社
ISBN:4-03-540420-9
334 ページ

よんだ もってる　5段階評価

よんだ	もってる	1	2	3	4	5

エイルサが図書館《としょかん》で出会《であ》ったその男《おとこ》は翌日《よくじつ》から、エイルサの母親《ははおや》の古道具店《ふるどうぐてん》ではたらくことになった。はじめは不審《ふしん》に思《おも》っていたエイルサ親子《おやこ》も、その男《おとこ》の商売《しょうばい》のうまさに魅《み》せられていく。

というのも、男《おとこ》は、まことしやかにそれぞれの古道《ふるどう》具《ぐ》の由来《ゆらい》を客《きゃく》に語《かた》ってきかせ、客《きゃく》をその品物《しなもの》に夢中《むちゅう》にさせるのだ。エイルサ親子《おやこ》も客同様《きゃくどうよう》、その謎《なぞ》の男《おとこ》の話《はなし》に引《ひ》きこまれていく……。

✣

いろんな家具《かぐ》にまつわる話《はなし》を知《し》っている男《おとこ》の話《はなし》は、すべて人《ひと》がかかわっていて、どれもが一つ一つ個性《こせい》のある話《はなし》で、読《よ》んでてあきないし、その話《はなし》がすごく楽《たの》しい。

最後《さいご》ぐらいで、男《おとこ》の正体《しょうたい》が明《あき》らかになっていく、なんて話《はなし》もおもしろくて、はまりました。次《つぎ》はどんな話《はなし》が出《で》てくるのかとワクワクします。

（沖縄県・西原町立西原東中学校・2年生　具志堅遥・会員番号 06579）

ふたり

作：赤川次郎

定価：本体476円（税別）
発行年：1991年11月25日
出版社：新潮社・新潮文庫
ISBN:4-10-132718-1
319ページ

よんだ　もってる　5段階評価
□　□　1　2　3　4　5

お姉《ねえ》ちゃんは高校《こうこう》2年生《ねんせい》までしか生《い》きなかった。でも、私《わたし》が来年高校《らいねんこうこう》1年《ねん》になり、2年《ねん》になり、3年《ねん》になったら、私《わたし》はお姉《ねえ》ちゃんの歳《とし》を追《お》い越《こ》してしまう。それでもお姉《ねえ》ちゃんは、ずっと私《わたし》の中《なか》にいてくれる？　死《し》んだはずの姉《あね》の声《こえ》が、突然《とつぜん》、頭《あたま》の中《なか》に聞《き》こえてきたときから、千津子《ちづこ》と実加《みか》の奇妙《きみょう》な共同生活《きょうどうせいかつ》が始《はじ》まった……。妹《いもうと》と17歳《さい》で時《とき》の止《と》まった姉《あね》。二人《ふたり》の姉妹《しまい》のほろ苦《にが》い青《せい》春《しゅん》ファンタジー。

「実加《みか》！　私《わたし》よ！」その声《こえ》と同時《どうじ》に、死《し》んだ姉《あね》、千《ち》津子《づこ》は妹《いもうと》、実加《みか》の中《なか》で第二《だいに》の人生《じんせい》を始《はじ》める。
読後《どくご》に心《こころ》の中《なか》に吹《ふ》くさわやかな風《かぜ》が、感動《かんどう》を残《のこ》します。二人《ふたり》の姉妹《しまい》の、せつなくて、甘酸《あまず》っぱくて、悲《かな》しい、誰《だれ》もが共感《きょうかん》する青春《せいしゅん》のファンタジー。
後味《あとあじ》がしつこくなく、スッと心《こころ》に溶《と》けこんじゃう。心《こころ》に風《かぜ》が欲《ほ》しい人《ひと》、感動《かんどう》したい人《ひと》は、ぜひ。

（奈良県・広陵町立真美ヶ丘中学校・2年生
岡田美奈・会員番号04058）

小4まで
小5
小6
中1
中2
中3
高校以上

ふぶきのあした

作：木村裕一
絵：あべ弘士

定価：本体 1000 円（税別）
発行年：2002 年 2 月 27 日
出版社：講談社
ISBN:4-06-252877-0
64 ページ

よんだ　もってる　５段階評価
□　□　1 2 3 4 5

友《とも》だちであることが仲間《なかま》にばれた、オオカミのガブとヤギのメイ。追《お》っ手《て》につかまらないように、白《しろ》い雪《ゆき》の山《やま》の向《む》こうへ逃《に》げようとする2匹《ひき》。寒《さむ》くておなかがすいた2匹《ひき》は、ふぶきの山《やま》を越《こ》えられるのか。『あらしのよるに』シリーズの第《だい》6部《ぶ》完結編《かんけつへん》。

✣

ある日《ひ》、嵐《あらし》の小屋《こや》の中《なか》で出会《であ》ったオオカミのガブとヤギのメイ。しかし2匹《ひき》は、食《く》う、食《く》われるの関係《かんけい》。ガブは仲間《なかま》に秘密《ひみつ》がばれないよう、必死《ひっし》にごまかすが、仲間《なかま》か友《とも》だちかを選《えら》ばなければならなくなる。ガブは友《とも》だちを取《と》るが、裏切《うらぎ》ったガブを、オオカミたちは死《し》ぬまで追《お》いつめるという。

2匹《ひき》は安全《あんぜん》な緑《みどり》の森《もり》を目指《めざ》すが、雪山《ゆきやま》を越《こ》える途中《とちゅう》、オオカミたちに見《み》つかってしまう。ガブは命《いのち》をかけてもいい友《とも》だちのために……。悲《かな》しくて息《いき》もできなくなってしまいます。

（東京都・東京学芸大学教育学部附属世田谷中学校・2年生
吉田彩・会員番号 03109）

星《ほし》の王子《おうじ》さま

作：サン＝テグジュペリ
訳：内藤濯

定価：本体 640 円（税別）
発行年：1953 年 3 月 15 日
出版社：岩波書店・岩波少年文庫
ISBN:4-00-114001-2
176 ページ

よんだ　もってる　５段階評価

よんだ	もってる	1	2	3	4	5

サハラ砂漠《さばく》に不時着《ふじちゃく》した飛行士《ひこうし》と、〈ほんとうのこと〉しか知《し》りたがらない星《ほし》の王子《おうじ》さまとのふれあいを描《えが》いた、永遠《えいえん》の名作《めいさく》。純粋《じゅんすい》な子《こ》どもらしさや愛《あい》について、静《しず》かに語《かた》りかけます。初版本《しょはんぼん》にもとづき改訂《かいてい》した新《あたら》しいエディション。

✣

有名《ゆうめい》すぎるぐらい有名《ゆうめい》な本《ほん》ですが、だからこそおすすめしたい。老若男女《ろうにゃくなんにょ》、だれが読《よ》んでもなにかしら考《かんが》えてしまうことがあるはず。

「ほんとうのこと」しか知《し》りたがらない王子《おうじ》さまが、私《わたし》は本当《ほんとう》に大好《だいす》きです。

「うんうん、こういう大人《おとな》の人《ひと》っている！」と思《おも》わずにはいられない、いろんな星《ほし》の「大人《おとな》」たち。この感《かん》じは、子《こ》どもならではの感想《かんそう》だと思《おも》います。大人《おとな》になりたてのとき、なったあと、何度《なんど》だって読《よ》みたい物語《ものがたり》です。

（山口県・宇部市立東岐波中学校・２年生
比呂・会員番号０４５２７）

星《ほし》のかけら
PART I

作：名木田恵子
絵：三村久美子

定価：本体 580 円（税別）
発行年：2000 年 12 月 15 日
出版社：講談社・青い鳥文庫
ISBN:4-06-148544-X
230 ページ

よんだ　もってる　５段階評価
□　□　1 2 3 4 5

小学《しょうがく》5年生《ねんせい》の麻記《まき》の身《み》の周《まわ》りに変化《へんか》がおきはじめたのは、住《す》みなれた団地《だんち》からの引《ひ》っ越《こ》しが決《き》まった夏休《なつやす》み前《まえ》。団地《だんち》の幼《おさな》なじみで同級生《どうきゅうせい》の牧人《まきと》との間《あいだ》には、うわさの美少女《びしょうじょ》・詩緒里《しおり》の存在《そんざい》が立《た》ちはだかる。そしていじめにあっているらしい兄《あに》・聖《ひじり》とさざ波立《なみだ》つ家族《かぞく》たち。そんな中《なか》で、牧人《まきと》への恋心《こいごころ》に目《め》ざめた麻記《まき》だったが……。ゆれ動《うご》く少女《しょうじょ》の心《こころ》を描《えが》く。

✣

この本《ほん》を読《よ》んだのは、主人公《しゅじんこう》と同《おな》じ小学《しょうがく》6年生《ねんせい》のときでした。ある日《ひ》、一人《ひとり》の子《こ》にこの本《ほん》を貸《か》したら、クラスじゅうの女《おんな》の子《こ》に回《まわ》ったことをおぼえています。

恋《こい》ってなにかわからないけれど、私《わたし》はこの本《ほん》の主人公《しゅじんこう》を見《み》て、いいものなんだと感《かん》じました。

すてきな、すてきな、幼《おさな》なじみの恋《こい》のお話《はなし》です。

（大阪府・金光大阪中学校・2年生
Dream Come true・会員番号 05433）

待《ま》てばカイロの盗《ぬす》みあり

作：赤川次郎

定価：本体495円（税別）
発行年：1985年5月15日
出版社：徳間書店・徳間文庫
ISBN:4-19-567844-7
312ページ

よんだ　もってる　５段階評価
□　□　1 2 3 4 5

夫《おっと》の淳一《じゅんいち》は役者《やくしゃ》にしたいほどの苦《にが》み走《ばし》ったいい男《おとこ》だが、実《じつ》は泥棒《どろぼう》。片《かた》や妻《つま》の真弓《まゆみ》はというと、だれもが思《おも》わず振《ふ》り返《かえ》るほどの美人《びじん》だが、実《じつ》は泣《な》く子《こ》も黙《だま》る警視《けいし》庁捜査《ちょうそうさ》一課《いっか》の刑事《けいじ》さん。このユニークなカップルがディナーを楽《たの》しんでいるところへ、淳一《じゅんいち》にいきなりピストルがつきつけられた。これが数日後《すうじつご》に開催《かいさい》予定《よてい》の「古代《こだい》エジプト秘宝展《ひほうてん》」にからむ連続《れんぞく》怪奇《かいき》殺人《さつじん》の幕開《まくあ》けだったとは……。表題作《ひょうだいさく》ほか連作《れんさく》4編《ぺん》を収録《しゅうろく》。

✣

この本《ほん》では、淳一《じゅんいち》のプロの泥棒《どろぼう》テクを十分《じゅうぶん》に楽《たの》しむことができます。警察《けいさつ》に頼《たの》まれて「黄金《おうごん》のマスク」を盗《ぬす》み出《だ》したり、ゴーストタウンと化《か》した村《むら》で暴力団《ぼうりょくだん》をからかったりと、読《よ》んでいてクスクスと笑《わら》ってしまい、読《よ》み手《て》をとりこにします。真弓《まゆみ》とともに事件《じけん》を解決《かいけつ》する、本格《ほんかく》ミステリーも味《あじ》わえます。あなたも泥棒《どろぼう》が好《す》きになるかも!?

（埼玉県・さいたま市立大宮南中学校・2年生
井田絵梨香・会員番号01707）

魔法使《まほうつか》いが落《お》ちてきた夏《なつ》

作：タカシトシコ

定価：本体1748円（税別）
発行年：1996年7月
出版社：理論社
ISBN:4-652-07304-6
394ページ

よんだ　もってる　5段階評価

1 2 3 4 5

「魔法物語《まほうものがたり》みたい……。本物《ほんもの》の魔法物語《まほうものがたり》……。」

一人《ひとり》きりで留守番《るすばん》をまかされた夜《よる》、母《はは》にもらった一枚《まい》のポストカードに魔法使《まほうつか》いからのSOS《エスオーエス》が……。東京副都心《とうきょうふくとしん》・新宿《しんじゅく》。新都庁《しんとちょう》の上空《じょうくう》に異世界《いせかい》がひろがる。

私《わたし》は魔法《まほう》というものに興味《きょうみ》がありました。そこで題名《だいめい》を見《み》たときに、こんなのも読《よ》んでみようと思《おも》い、図書館《としょかん》で借《か》りました。

読《よ》み始《はじ》めると、魔法《まほう》の威力《いりょく》が頭《あたま》の中《なか》に浮《う》かんできました。文字《もじ》だけでこんなに表現《ひょうげん》できるのかとビックリしました。ストーリー的《てき》にも、おもしろく、借《か》りた本《ほん》を図書館《としょかん》に返《かえ》すと、本屋《ほんや》へ行《い》き、この本《ほん》を買《か》いました。手元《てもと》において、好《す》きなときに何度《なんど》も読《よ》みたいと思《おも》ったからです。

この本《ほん》は、私《わたし》の作家《さっか》になりたいという夢《ゆめ》の、後押《あとお》しとなった本《ほん》たちの中《なか》の一冊《さつ》です。

（沖縄県・西原町立西原東中学校・2年生
具志堅遥・会員番号06579）

バイバイ スクール
——学校《がっこう》の七不思議事件《ななふしぎじけん》——

作：はやみねかおる
絵：吾妻ひでお

定価：本体 580 円（税別）
発行年：1996 年 2 月 15 日
出版社：講談社・青い鳥文庫
ISBN:4-06-148440-0
226 ページ

よんだ　もってる　５段階評価
□　□　1 2 3 4 5

わたしは、宮沢和子《みやざわかずこ》。みんな、わたしのことをワコってよぶの。小学《しょうがく》6年生《ねんせい》で、全校生徒《ぜんこうせいと》がたった6人《にん》の大《おお》奥村小学校《おくむらしょうがっこう》に通《かよ》っています。先生《せんせい》もいちばん若《わか》くて美《び》人《じん》の風街先生《かざまちせんせい》をはじめ、みんなで6人《にん》。たぬきのようなポンポコリン校長《こうちょう》を合《あ》わせて、13人《にん》です。このような自然《しぜん》にもめぐまれ、大家族《だいかぞく》のような学校《がっこう》が廃校《はいこう》になるんだけど、その前《まえ》にひと騒動《そうどう》が!?

✣

この大奥村小学校《おおおくむらしょうがっこう》には、七不思議《ななふしぎ》があります。それは、この小学校《しょうがっこう》を愛《あい》する人々《ひとびと》によって、児童《じどう》の前《まえ》に現《あらわ》れました。6人《にん》で謎《なぞ》を解《と》いた後《あと》、七不思《ななふし》議《ぎ》はよい思《おも》い出《で》へと変《か》わりました。

私《わたし》の通《かよ》っていた小学校《しょうがっこう》も、今年《ことし》で閉校《へいこう》になります。登場人物《とうじょうじんぶつ》と同《おな》じ、とても悲《かな》しい気持《きも》ちでした。そんなとき、この本《ほん》と出会《であ》いました。私《わたし》も、小学校《しょうがっこう》の思《おも》い出《で》を大切《たいせつ》に、前向《まえむ》きに生《い》きたいです。

（秋田県・由利町立由利中学校・2年生　candy☆・会員番号 03305）

小4まで
小5
小6
中1
中2
中3
高校以上

読者のみなさまへ
KAORU HAYAMINE

初《はじ》めて読《よ》んだ文庫本《ぶんこぼん》

はやみねかおる

どうも、はやみねかおるです。

☆

小《ちい》さいときから、本《ほん》が好《す》きでした。

とくにマンガが好《す》きで、小遣《こづか》いを貯《た》めては近所《きんじょ》の本屋《ほんや》さんで買《か》ってました。活字《かつじ》の本《ほん》は、もっぱら学校《がっこう》の図書室《としょしつ》を利用《りよう》してました。自分《じぶん》の小遣《こづか》いで買《か》うには、値段《ねだん》が高《たか》かったからです。

そして、あれは小学校《しょうがっこう》四年生《ねんせい》の時《とき》——。

☆

町《まち》で、Ｆ君《エフくん》に会《あ》いました。

Ｆ君《エフくん》も本好《ほんず》きで、ぼくとはよくマンガの貸《か》し借《か》りをしてました。

そのときも、Ｆ君《エフくん》が本屋《ほんや》の紙袋《かみぶくろ》を持《も》っていたので、ぼくは訊《き》きました。

「なんのマンガ、買《か》ったん？」

すると、彼《かれ》は、少《すこ》し恥《は》ずかしそうに――でも誇《ほこ》らしげに、

「マンガじゃないんだ。」

紙袋《かみぶくろ》から一冊《さつ》の文庫本《ぶんこぼん》を出《だ》して、ぼくに見《み》せてくれました。

文庫本《ぶんこぼん》！

マンガと図書室《としょしつ》の本《ほん》しか読《よ》まないぼくにとって、文庫本《ぶんこぼん》は『大人《おとな》が読《よ》む物《もの》』でした。

細《こま》かい字《じ》。ほとんど振《ふ》り仮名《がな》もない。どれだけ読《よ》み進《すす》めても、挿絵《さしえ》がない。――そんな文《ぶん》庫本《こぼん》を、Ｆ君《エフくん》が持《も》ってるのです。

ぼくは、驚《おどろ》いてるのを気《き》づかれないよう、さりげなく訊《き》きました。

「これ、誰《だれ》が読《よ》むの？」

「ぼくが読《よ》むのに決《き》まってるじゃないか！」

そのとき、Ｆ君《エフくん》の小鼻《こばな》が膨《ふく》らんでたのを、ぼくは今《いま》でも覚《おぼ》えてます。

☆

Ｆ君《エフくん》が持《も》っていた文庫本《ぶんこぼん》の題名《だいめい》は、覚《おぼ》えていません。

でも、同級生《どうきゅうせい》のＦ君《エフくん》が急《きゅう》に大人《おとな》っぽく感《かん》じられたことは、今《いま》でもよく覚《おぼ》えてます。

（「大人《おとな》じゃん！」って――。）

☆

負《ま》けず嫌《ぎら》いのぼくは、家《いえ》に帰《かえ》ると、兄《あに》の本棚《ほんだな》をゴソゴソと漁《あさ》りました。

そして見《み》つけたのが、角川文庫《かどかわぶんこ》『山《やま》のむこうは青《あお》い海《うみ》だった』です（この本《ほん》を選《えら》んだのは、他《ほか》の文庫本《ぶんこぼん》と違《ちが》って挿絵《さしえ》が入《はい》っていたからです）。

ぼくが、生《う》まれて初《はじ》めて読《よ》んだ文庫本《ぶんこぼん》です。

☆

読《よ》み終《お》わったときのぼくは、大人《おとな》への階段《かいだん》を一歩《ぽ》のぼったような気《き》がしました。

きっと、ぼくの小鼻《こばな》は膨《ふく》らんでいたことだと思《おも》います。

☆

初《はじ》めて読《よ》む文庫本《ぶんこぼん》、ノベルス、専門書《せんもんしょ》――これからも、あなたはいろんな種類《しゅるい》の本《ほん》と出逢《であ》うことと思《おも》います。

そのたびに、小鼻《こばな》を膨《ふく》らませてください。

Good《グッド》 Night《ナイト》, And《アンド》 Have《ハブ》 A《ア》 Nice《ナイス》 Dream《ドリーム》.

中3
おすすめの本

子どものための哲学対話
三人めのアリス
シスター・プリンセス Re Pure セレクション
十五少年漂流記
扉のむこうの物語
七つの封印④　黒い月の魔女
名探偵ホームズ　緋色の研究
レヴィローズの指輪
ローワンと魔法の地図
パスワード龍伝説

子《こ》どものための哲学対話《てつがくたいわ》

人間《にんげん》は遊《あそ》ぶために生《い》きている！

作：永井均

絵：内田かずひろ

定価：本体1000円（税別）
発行年：1997年7月25日
出版社：講談社
ISBN:4-06-208743-X
126ページ

よんだ	もってる	5段階評価
□	□	1 2 3 4 5

「人間《にんげん》は遊《あそ》ぶために生《い》きている！」「友《とも》だちはいらない！」「地球《ちきゅう》は丸《まる》くない！」と言《い》われると、えっ？　どういうこと、と不思議《ふしぎ》に思《おも》うでしょ。それがどういう意《い》味《み》なのか自分《じぶん》で考《かんが》えていく方法《ほうほう》を、作者《さくしゃ》はネコのペネトレとの対話《たいわ》で、わかりやすく説明《せつめい》してくれます。

❖

「哲学《てつがく》」なんていわれて引《ひ》いちゃうキミ！　この本《ほん》には勉強《べんきょう》しなさいとか、耳《みみ》にタコができてるようなことが書《か》いてあるわけじゃありません。登場《とうじょう》人物《じんぶつ》はちょっとませた、ウチにいたらうるさいようなネコのペネトレとぼく。一風《いっぷう》変《か》わったペネトレの考《かんが》え方《かた》についていけないこともあるけど、そもそも「哲学《てつがく》」って何《なん》なのか、それが分《わ》かったときは、この本《ほん》を読《よ》んでよかったなと思《おも》いました。今《いま》まで読《よ》んだことのなかったような本《ほん》であること間違《まちが》いなし！

（東京都・聖心女子学院中等科・3年生
まり・会員番号01139）

三人《にん》めのアリス

作：田中雅美
絵：竹岡美穂

定価：本体 562 円（税別）
発行年：2002 年 7 月 10 日
出版社：集英社・コバルト文庫
ISBN:4-08-600140-3
240 ページ

よんだ	もってる	5段階評価
□	□	1 2 3 4 5

あたしの現実《げんじつ》は毎日同《まいにちおな》じようなことのくりかえし。小《しょう》説《せつ》みたいな事件《じけん》が起《お》こったらいいな……と思《おも》っていた絵《え》理《り》は西条学園《さいじょうがくえん》の2年生《ねんせい》。そんなとき、クラスメートの静《しず》ちゃんが行方不明《ゆくえふめい》になった！　2学期《がっき》になってから急《きゅう》に不《ふ》良《りょう》っぽくなった静《しず》ちゃん。絵理《えり》とは親《した》しくなかったのに、失踪後《しっそうご》、定期的《ていきてき》に手紙《てがみ》が届《とど》きはじめる。――静《しず》ちゃんにはもっと仲《なか》のいい友《とも》だちがいるのに、なぜあたしに!?

✣

主人公《しゅじんこう》の絵理《えり》が、憧《あこが》れの先輩《せんぱい》の水野《みずの》さんと二人《ふたり》で、クラスメートの失踪事件《しっそうじけん》の謎《なぞ》を解《と》く話《はなし》。謎《なぞ》を解《と》く場面《ばめん》も、もちろんワクワクしておもしろいですが、それ以上《いじょう》に二人《ふたり》が事件《じけん》を通《とお》して、信《しん》頼感《らいかん》が生《う》まれ、成長《せいちょう》していく様子《ようす》が好《す》きです。ただのミステリーではなく、主人公《しゅじんこう》が事件《じけん》によってどうなっていくのか。これが、この本《ほん》のおもしろい部分《ぶぶん》であり、また私《わたし》が好《す》きな理由《りゆう》です。

（神奈川県・横浜市立市ケ尾中学校・3年生
AYA・会員番号02887）

シスター・プリンセス Re Pure《リピュア》セレクション

作：公野櫻子
絵：天広直人

定価：本体 570 円（税別）
発行年：2002 年 11 月 25 日
出版社：メディアワークス・電撃文庫
ISBN:4-8402-2217-7
268 ページ

よんだ　もってる　５段階評価

よんだ	もってる	1	2	3	4	5

お兄《にい》ちゃんのことが大好《だいす》きな12人《にん》の妹《いもうと》たちの物語《ものがたり》。みんな事情《じじょう》があって、離《はな》れ離《ばな》れに暮《く》らしています。性《せい》格《かく》もファッションも異《こと》なる12人《にん》の妹《いもうと》と、その兄《あに》たちのささやかなドラマが、それぞれの妹《いもうと》の一人称《いちにんしょう》で、ゆったりと描《えが》かれます。

妹《いもうと》たちは、巻頭《かんとう》の一人《ひとり》1ページのカラーイラストをはじめ、かわいい絵《え》が、たくさん載《の》っています。

✣

兄《あに》のことを思《おも》う12人《にん》の妹《いもうと》たち。かわいくて、ちょっとせつないこの12人《にん》の妹《いもうと》たちの心《こころ》の中《なか》の思《おも》いが、このシスター・プリンセスには描《えが》かれています。これを読《よ》んだあと、すごくステキでやさしい気《き》持《も》ちでいっぱいになりました。個性《こせい》あふれる12人《にん》の妹《いもうと》、一人《ひとり》一人《ひとり》のことがよくわかります。絵《え》本《ほん》のように描《えが》かれているので、本《ほん》を読《よ》むことが苦手《にがて》な人《ひと》でも読《よ》みやすいと思《おも》います。

（徳島県・徳島市立八万中学校・3年生
雪便咲矢・会員番号 01117）

十五少年《しょうねん》漂流《ひょうりゅう》記《き》

作：ジュール＝ベルヌ
訳：那須辰造
絵：金斗鉉

定価：本体 720 円（税別）
発行年：1990 年 6 月 10 日
出版社：講談社・青い鳥文庫
ISBN:4-06-147284-4
330 ページ

よんだ　もってる　5段階評価

□　□　1 2 3 4 5

あれくるう南半球《みなみはんきゅう》の海上《かいじょう》で、1そうの船《ふね》がさまよっていた。乗船者《じょうせんしゃ》は15人《にん》の少年《しょうねん》だ！ ——漂着《ひょうちゃく》したのは名《な》も知《し》れぬ無人島《むじんとう》だった。なにもない島《しま》の中《なか》で、知恵《ちえ》を出《だ》しあって生《い》きぬかなければならなかった。——感《かん》情《じょう》の対立《たいりつ》や助《たす》けあう心《こころ》を、少年《しょうねん》たちの共同生活《きょうどうせいかつ》を通《とお》してえがく、胸《むね》ときめかせる長編冒険小説《ちょうへんぼうけんしょうせつ》。

✣

僕《ぼく》はこの本《ほん》を読《よ》んだとき、15人《にん》の少年《しょうねん》が無人島《むじんとう》に漂着《ひょうちゃく》してしまって、どうやって生活《せいかつ》するのかと考《かんが》えてワクワクしました。

仲間割《なかまわ》れしていても、友《とも》だちのために体《からだ》を張《は》ってがんばっているのを読《よ》んで、すごいなと思《おも》いました。僕《ぼく》が主人公《しゅじんこう》のブリアンだったら、こんな勇《ゆう》気《き》は絶対《ぜったい》に出《で》ないと思《おも》います。無人島《むじんとう》の生活《せいかつ》に憧《あこが》れるけど、無事《ぶじ》に帰《かえ》ってこられるかわかりません。だから、15人《にん》の少年《しょうねん》の勇気《ゆうき》はすごいと思《おも》います。

（神奈川県・神奈川大学附属中学校・3年生
狩野貴之・会員番号 03251）

扉《とびら》のむこうの物語《ものがたり》

作・絵：岡田淳

定価：本体 1748 円（税別）
発行年：1987 年
出版社：理論社
ISBN:4-652-01416-3
326 ページ

よんだ　もってる　５段階評価

		1	2	3	4	5

行也《ゆきや》は「物語《ものがたり》をつくる」と宣言《せんげん》した——。〈ピエロのあやつり人形《にんぎょう》〉〈いす〉〈オルガン〉〈大《おお》きなそろばん〉……そして〈ひらがな五十音表《ごじゅうおんひょう》〉。喫茶店《きっさてん》メリー・ウィドウの陽気《ようき》なママと二人《ふたり》、行也《ゆきや》は五十音表《ごじゅうおんひょう》の札《ふだ》をめくりはじめた。

✣

一度《いちど》入《はい》ればもう抜《ぬ》け出《だ》せない！　なにげなく開《あ》けた扉《とびら》は、君《きみ》の知《し》らない世界《せかい》へつながっている。過去《かこ》と未来《みらい》、夢《ゆめ》と現実《げんじつ》が入《い》り交《ま》じったルービック・キューブの世界《せかい》。物語《ものがたり》をつくるはずが、物《もの》語《がたり》の中《なか》に入《はい》りこんでいった行也《ゆきや》とママ。考《かんが》えだしたものが本当《ほんとう》になる。現《あらわ》れたり、消《き》えたり、一《いっ》体全体《たいぜんたい》どうなっているのか？　それはそう……もう一つの世界《せかい》、扉《とびら》のむこうの世界《せかい》の話《はなし》。

おもしろさは私《わたし》が保証《ほしょう》します！　ちょっとのぞいてみませんか？

（イギリス・ダービー日本人補習校中学部・３年生
りん・会員番号０２８７４）

七つの封印《ふういん》④

黒《くろ》い月《つき》の魔女《まじょ》

作：カイ・マイヤー
訳：山崎恒裕
絵：山田章博

定価：本体 750 円（税別）
発行年：2003 年 6 月
出版社：ポプラ社
ISBN:4-591-07747-0
214 ページ

よんだ　もってる　５段階評価
□　□　1 2 3 4 5

ギーベルシュタインの街《まち》は、月食《げっしょく》で一瞬《いっしゅん》の闇《やみ》に包《つつ》まれたあと、なにかが変《か》わってしまった。危険《きけん》な月《つき》の魔女《まじょ》がたくらむ恐《おそ》ろしい計画《けいかく》とはなにか？　魔女《まじょ》に立《た》ち向《む》かうキラは、とんでもない要求《ようきゅう》をつきつけられる！

腕《うで》に「七つの封印《ふういん》」を持《も》つキラとリーザ、そしてクリスとニールスの４人組《にんぐみ》が、月食《げっしょく》の夜《よる》、不気味《ぶきみ》な化《ば》け物《もの》に襲《おそ》われた。４人《にん》を待《ま》ち受《う》けるのは、危険《きけん》な月《つき》の魔女《まじょ》。彼女《かのじょ》には、恐《おそ》ろしい計画《けいかく》があった。キラは魔女《まじょ》に立《た》ち向《む》かう。４人《にん》は助《たす》かるのか。そして、恐《おそ》ろしいほどの、化《ば》け物《もの》の執念《しゅうねん》。

魔法《まほう》という魅力《みりょく》、あふれる勇気《ゆうき》と恋心《こいごころ》。一度《いちど》読《よ》んだらやめられない。ワクワクとドキドキの冒険《ぼうけん》に今《いま》、あなたも出発《しゅっぱつ》する。ぜひ、読《よ》んでみてください！

（福岡県・須恵町立須恵中学校・３年生
和田湖都美・会員番号０２１４８）

名探偵《めいたんてい》ホームズ 緋色《ひいろ》の研究《けんきゅう》

作：アーサー=コナン=ドイル
訳：日暮まさみち
絵：若菜等 +Ki

定価：本体 580 円（税別）
発行年：1997 年 12 月 15 日
出版社：講談社・青い鳥文庫
ISBN:4-06-148472-9
222 ページ

よんだ もってる 5段階評価

よんだ	もってる	1	2	3	4	5

最初《さいしょ》のホームズ物語登場《ものがたりとうじょう》！ 血《ち》の文字《もじ》の謎《なぞ》。ホームズとワトソンが同《おな》じ下宿《げしゅく》に住《す》み、コンビを組《く》んでぶつかった初《はじ》めての事件《じけん》は、ロンドンで起《お》こる連続《れんぞく》殺人《さつじん》だった。身《み》の毛《け》もよだつ殺人現場《さつじんげんば》と犯行手口《はんこうてぐち》。犯人《はんにん》の陰《かげ》には、米国《べいこく》の宗教《しゅうきょう》が。そして純情《じゅんじょう》な青年《せいねん》と、美《うつく》しい娘《むすめ》の愛《あい》のドラマが秘《ひ》められていた……。

✣

この本《ほん》の魅力《みりょく》は、推理小説《すいりしょうせつ》でありながらも感《かん》動《どう》してしまうところにあります。これは、私立探《しりつたん》偵《てい》のホームズと医者《いしゃ》のワトソンが出会《であ》い、コンビを組《く》むきっかけとなった事件《じけん》です。壁《かべ》に残《のこ》された奇妙《きみょう》な血《ち》の文字《もじ》。怪《あや》しい酔《よ》っぱらい。2つの弾丸《だんがん》。解決《かいけつ》された事件《じけん》に隠《かく》されていた真実《しんじつ》とは。2人《ふたり》の男女《だんじょ》の悲《かな》しいドラマ。

この謎《なぞ》を解《と》いていくのが名探偵《めいたんてい》であるホームズなのです。ぜひ、読《よ》んでみてください。

（東京都・板橋区立加賀中学校・3年生
中川由美・会員番号 05805）

レヴィローズの指輪《ゆびわ》

作：高遠砂夜
絵：起家一子

定価：本体 495 円（税別）
発行年：2001 年 2 月 10 日
出版社：集英社・コバルト文庫
ISBN:4-08-614820-X
256 ページ

よんだ　もってる　5段階評価
□　□　1 2 3 4 5

「あたしが貴族《きぞく》の娘《むすめ》え。」孤児《こじ》だったジャスティーンに突然《とつぜん》、叔母《おば》を名乗《なの》る人物《じんぶつ》が現《あらわ》れた。下町《したまち》のボロ家《や》から一転《いってん》、大《おお》きなお城《しろ》に引《ひ》き取《と》られたジャスティーン。しかし叔母《おば》・ヴィラーネは冷《つめ》たい態度《たいど》。やたらとクールな使用人《しようにん》のシャトー。おまけにこのお城《しろ》、なんか変《へん》！

誰《だれ》もいないのに、料理《りょうり》が出《で》てきたり片《かた》づけられたり……。やっと人間《にんげん》らしい少年《しょうねん》に出会《であ》ったと思《おも》ったら、彼《かれ》は「幽霊《ゆうれい》」だって――!?

✣

ジャスティーンの人生《じんせい》を変《か》えたのは、真紅《しんく》の瞳《ひとみ》を持《も》った少年《しょうねん》、レンドリア。彼《かれ》は炎《ほのお》の一族《いちぞく》の秘宝《ひほう》、レヴィローズの精《せい》だった。炎《ほのお》にかけては天下一品《てんかいっぴん》。

この本《ほん》は、ホントに、ドキドキします。水《みず》、風《かぜ》、地《ち》の宝玉《ほうぎょく》も、カッコイイ!!

ファンタジーに飢《う》えてる人《ひと》（笑）、カッコイイ男《おとこ》の子《こ》が好《す》きな人《ひと》におすすめ☆します。

（熊本県・熊本市立託麻中学校・3年生
悠月蒼・会員番号０４７０９）

小4まで
小5
小6
中1
中2
中3
高校以上

ローワンと魔法《まほう》の地図《ちず》

作：エミリー・ロッダ
訳：さくまゆみこ
絵：佐竹美保

定価：本体 1300 円（税別）
発行年：2000 年 8 月 15 日
出版社：あすなろ書房
ISBN:4-7515-2111-X
216 ページ

よんだ　もってる　5段階評価
□　□　1 2 3 4 5

リンの村《むら》を流《なが》れる川《かわ》が、かれてしまった。このままでは家畜《かちく》のバクシャーもみんなも、生《い》きてはいけない。水《みず》をとりもどすために、竜《りゅう》が住《す》むといわれる山《やま》の頂《いただき》めざして、腕《うで》じまんの者《もの》たちが旅立《たびだ》った。たよりになるのは、魔法《まほう》をかけられた地図《ちず》だけ。クモの扉《とびら》、底《そこ》なし沼《ぬま》、そして恐《おそ》ろしい竜《りゅう》との対決《たいけつ》……。謎《なぞ》めいた6行《ぎょう》の詞《し》を解《と》きあかさなければ、みんなの命《いのち》が危《あぶ》ない！

✣

この物語《ものがたり》は題名《だいめい》のとおり、ファンタジー。「またファンタジー？　ありがち……。」って思《おも》う人《ひと》、見《み》くびらないで!!　これは、小《ちい》さな少年《しょうねん》から、大《おお》きな勇気《ゆうき》をもらえる本《ほん》です。

主人公《しゅじんこう》は内気《うちき》で弱虫《よわむし》で臆病《おくびょう》な少年《しょうねん》ローワン。川《かわ》の水《みず》が止《と》まってしまった謎《なぞ》を解《と》くため、水源《すいげん》のある魔《ま》の山《やま》へと向《む》かう仲間《なかま》の中《なか》に、入《はい》ることになったローワン。リンの谷《たに》のすべてをかけて、出発《しゅっぱつ》！

（佐賀県・北方町立北方中学校・3年生
砂風淳・会員番号００１４７）

パスワード龍《ドラゴン》伝《でん》説《せつ》

──パソコン通信《つうしん》探偵団《たんていだん》事件《じけん》ノート9──

作：松原秀行

絵：梶山直美

定価：本体 580 円（税別）

発行年：2001 年 5 月 25 日

出版社：講談社・青い鳥文庫

ISBN:4-06-148558-X

270 ページ

よんだ　もってる　５段階評価

よんだ	もってる	1	2	3	4	5

待望《たいぼう》のシリーズ10作目《さくめ》（番外編《ばんがいへん》も入《い》れて）は5人《にん》の電子探偵団《でんしたんていだん》を残《のこ》し、ネロが国際《こくさい》パズル連盟世界大会《れんめいせかいたいかい》に出場《しゅつじょう》するべく、香港《ホンコン》へ飛《と》んだ!!　そこで、ネロの推理《すいり》力《りょく》、キャリア・ウーマンのときの素顔《すがお》、さらに秘《ひ》める恋《こい》……が次々《つぎつぎ》と明《あき》らかになってゆく。香港《ホンコン》の街《まち》なみ。ヌンチャクを使《つか》ったアクション。謎《なぞ》めいた男《おとこ》・伯爵《はくしゃく》の存在《そんざい》。「龍《ドラゴン》」にちなんだ多《おお》くの伝説《でんせつ》。これぞ、パスワード流伝奇小説《りゅうでんきしょうせつ》だ!!

✣

塾《じゅく》の図書室《としょしつ》で、ふと、題名《だいめい》に目《め》が留《と》まった。こうして、この本《ほん》に僕《ぼく》は出会《であ》った。題名《だいめい》も気《き》に入《い》ったし、本《ほん》の内容《ないよう》はものすごくおもしろい。一行目《ぎょうめ》を読《よ》み始《はじ》めたとき、本《ほん》の中《なか》にすべりこむような感《かん》じになれる。登場人物本人《とうじょうじんぶつほんにん》になったかの気分《きぶん》。

とにかくおもしろい。パズル問題《もんだい》も解《と》くのが楽《たの》しい。ぜひ、朝読《あさどく》にはこの本《ほん》を。おすすめします！

（愛知県・春日井市立東部中学校・3年生　小海マコト・会員番号　06448）

小4まで
小5
小6
中1
中2
中3
高校以上

読者のみなさまへ
HIDEYUKI MATSUBARA

忘《わす》れられない一冊《さつ》の本《ほん》

『数《かず》のパズルはおもしろい』（J・デグレージア著　金沢養訳／白揚社）

松原《まつばら》秀行《ひでゆき》

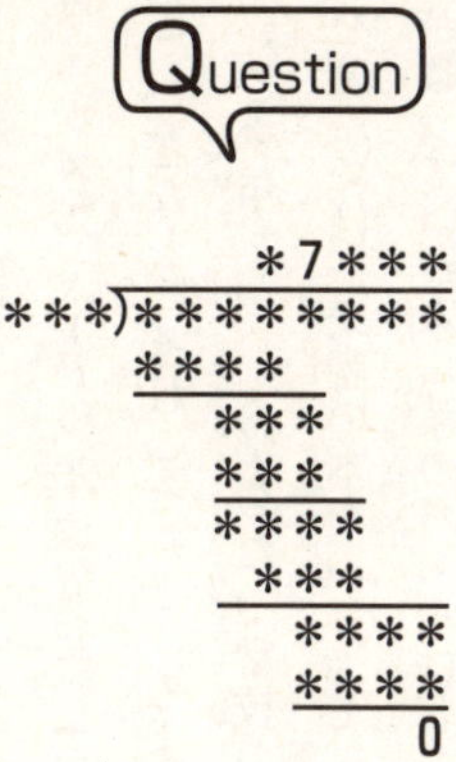

いきなりだけど、解《と》けますか、この虫食《むしく》いパズル？

え？　こんなややっこしいの解《と》けるわけないって？　うん、最初《さいしょ》に見《み》たとき、ぼくもそう思《おも》いました。でも、じーっとながめているうち、ぼくはあることに気《き》づいたのです。式《しき》の上《うえ》から5段目《だんめ》に注目《ちゅうもく》。3ケタですよね。つまり、7×＊＊＊（除数《じょすう》）が3ケタなのです。ということは、除数《じょすう》の100の位《くらい》の「＊」は「1」以外《いがい》はありえないわけで……なんて具合《ぐあい》に考《かんが》えていって、ついに解《と》けました。中学《ちゅうがく》1年生《ねんせい》になったばかりの1学期《がっき》のことと記憶《きおく》しています。

読書《どくしょ》は小学校時代《しょうがっこうじだい》から大好《だいす》きでした。『トム・ソーヤーの冒険《ぼうけん》』（マーク・トウェーン）からはじまって、『飛《と》ぶ教室《きょうしつ》』（ケストナー）、『ロビンソン・クルーソー』（デフォー）、『タイムマシン』（ウェルズ）、『十五少年《しょうねん》漂流記《ひょうりゅうき》』（ベルヌ）、「シャーロック・ホームズ」シリーズ（ドイル）などなど、それこそむさぼるように読《よ》みまくったものでした。

そんな「本大好《ほんだいす》き少年《しょうねん》」が、入学《にゅうがく》した中学校《ちゅうがっこう》の図書室《としょしつ》に引《ひ》きつけられたのは当然《とうぜん》です。毎日《まいにち》のように足《あし》を運《はこ》んでは、未読《みどく》の本《ほん》をあさっていました。そんなときに見《み》つけたのが、この虫食《むしく》いパズルが載《の》っていた本《ほん》『数《かず》のパズルはおもしろい』だったのです。

本《ほん》にはほかにも推理《すいり》パズル、暗号《あんごう》パズル、川渡《かわわた》りパズル、鉄道《てつどう》パズルなど、ともかくパズルがぎっしり。あのとき、この本《ほん》と出会《であ》っていなかったら、いま、パスワードシリーズを書《か》いていなかったかもしれません。その意味《いみ》でも、本当《ほんとう》に忘《わす》れられない一冊《さつ》です。

この本《ほん》は長《なが》いこと絶版《ぜっぱん》になっていましたが、1999年《ねん》、同《おな》じ出版社《しゅっぱんしゃ》から復刊《ふっかん》となったのは嬉《うれ》しいかぎりです。機会《きかい》があったら、みんなもぜひ手《て》に取《と》って、パズルに挑戦《ちょうせん》してみてくださいねっ！

Answer

```
           97809
    ┌─────────────
124 ) 12128316
      1116
      ────────
        968
        868
        ───────
        1003
         992
        ───────
          1116
          1116
          ─────
             0
```

高校～
おすすめの本

いちご同盟
大きな森の小さな家
怪盗クイーンはサーカスがお好き
風の歌を聴け
QED　六歌仙の暗号
水滸伝
パスワード謎旅行
地獄堂霊界通信Ⅱ　ワルガキ、最悪の危機
ぼくの・稲荷山戦記
アイシテル物語
だれも知らない小さな国
ふしぎをのせたアリエル号
クレヨン王国の十二か月

いちご同盟《どうめい》

純愛《じゅんあい》――中学編《ちゅうがくへん》

作：三田誠広

定価：本体 390 円（税別）
発行年：1991 年 10 月 25 日
出版社：集英社・集英社文庫
ISBN:4-08-749757-7
96 ページ

よんだ　もってる　5段階評価　1 2 3 4 5

中学《ちゅうがく》3年生《ねんせい》の良一《りょういち》は、同級生《どうきゅうせい》の野球部《やきゅうぶ》のエース・徹《てつ》也《や》を通《つう》じて、重症《じゅうしょう》の腫瘍《しゅよう》で入院中《にゅういんちゅう》の少女《しょうじょ》・直美《なおみ》を知《し》る。徹也《てつや》は対抗試合《たいこうじあい》に全力《ぜんりょく》を尽《つ》くして直美《なおみ》を力《ちから》づけ、良一《りょういち》もよい話《はな》し相手《あいて》になって彼女《かのじょ》を慰《なぐさ》める。ある日《ひ》、直美《なおみ》が突然《とつぜん》良一《りょういち》に言《い》った。「あたしと、心中《しんじゅう》しない？」ガラス細工《ざいく》のように繊細《せんさい》な少年《しょうねん》の日《ひ》の恋愛《れんあい》と友情《ゆうじょう》、生《せい》と死《し》をリリカルに描《えが》いた長編《ちょうへん》。

✣

話《はなし》はサーッと静《しず》かに進《すす》んでいくのに、言葉《ことば》の一つ一つが重《おも》みを持《も》っている。この本《ほん》は私《わたし》に、生《い》きているからこそ悩《なや》んだり、嫌《いや》だと感《かん》じたり、また、喜《よろこ》んだり、楽《たの》しんだりできることを教《おし》えてくれました。精一杯《せいいっぱい》生《い》きていこうと思《おも》える本《ほん》です。

主人公《しゅじんこう》たちが中《ちゅう》3の受験生《じゅけんせい》なので、この歳《とし》に近《ちか》い人《ひと》にもおすすめです。生《せい》と死《し》についても考《かんが》えさせられる本《ほん》だと思《おも》います。

（千葉県・千葉県立千葉女子高等学校・1年生
翼・会員番号 03296）

大草原《だいそうげん》の小《ちい》さな家《いえ》シリーズ1

大《おお》きな森《もり》の小《ちい》さな家《いえ》

作：ローラ=インガルス=ワイルダー

訳：こだまともこ
　　渡辺南都子

絵：かみやしん

定価：本体 580 円（税別）

発行年：1982 年 7 月 10 日

出版社：講談社・青い鳥文庫

ISBN:4-06-147099-X

222 ページ

よんだ　もってる　5段階評価

よんだ	もってる	1	2	3	4	5

アメリカ西部《せいぶ》、「大《おお》きな森《もり》」の中《なか》の小《ちい》さな家《いえ》に、メアリー、ローラ、キャリーの３人姉妹《にんしまい》のいる一家《いっか》がくらしていました。ときおりあらわれる、オオカミやクマ、それに、きびしい大自然《だいしぜん》を相手《あいて》にたたかう生活《せいかつ》を、きめこまかに、いきいきとえがいた、「小《ちい》さな家《いえ》」シリーズ第《だい》1作《さく》。

❖

1ページ開《ひら》くと、ふんわりやさしい風《かぜ》に包《つつ》まれます。２ページ目《め》、ローラやメアリーと出会《であ》えます。そして3ページ目《め》。あなたはきっと、１００年前《ねんまえ》のアメリカの大《おお》きな森《もり》の中《なか》へタイムスリップしているでしょう！　この本《ほん》を読《よ》めば、疲《つか》れているときでも、ほんわかした気分《きぶん》になれ、忙《いそが》しいときでも、ゆったりすてきな空気《くうき》の中《なか》にいられるのです！　いつでも楽《たの》しい、いつまでも楽《たの》しい。あなたも、大《おお》きな森《もり》の中《なか》を旅《たび》してみませんか？

（島根県・島根県立松江北高等学校・1年生
瀬川流希・会員番号０２６６４）

小4まで
小5
小6
中1
中2
中3
高校以上

怪《かい》盗《とう》クイーンは サーカスがお好《す》き

作：はやみねかおる
絵：K2 商会

定価：本体 620 円（税別）
発行年：2002 年 3 月 15 日
出版社：講談社・青い鳥文庫
ISBN:4-06-148577-6
310 ページ

よんだ　もってる　5段階評価
1 2 3 4 5

飛行船《ひこうせん》で世界《せかい》じゅうを飛《と》びまわり、ねらった獲物《えもの》はかならず盗《ぬす》む。怪盗《かいとう》クイーンに不可能《ふかのう》はない。ところがそんな彼《かれ》に挑戦《ちょうせん》する謎《なぞ》のサーカス団《だん》があらわれ、クイーンが盗《ぬす》むつもりだった宝石《ほうせき》を横取《よこど》りした。そして、魔術師《まじゅつし》や催眠術師《さいみんじゅつし》など特殊能力《とくしゅのうりょく》をもつ団員《だんいん》たちがクイーンに勝負《しょうぶ》をいどんできた。彼《かれ》らの目的《もくてき》はいったい何《なに》？　怪盗《かいとう》クイーンの華麗《かれい》なデビュー作《さく》！

✣

なんてったって最大《さいだい》の魅力《みりょく》は、主人公《しゅじんこう》である怪《かい》盗《とう》クイーンその人《ひと》でしょう。華麗《かれい》にして大胆不《だいたんふ》敵《てき》、最強《さいきょう》のくせに大《おお》ボケ。自信家《じしんか》で、ねらった獲《え》物《もの》は必《かなら》ずいただく。変装《へんそう》の名人《めいじん》にして、天才怪盗《てんさいかいとう》。

どんでん返《がえ》しもあり、だまされない、だまされないと思《おも》っても、ページをめくってびっくり！いつの間《ま》にか、彼《かれ》の魔術《まじゅつ》に魅《み》せられているのです。さあ、サーカスと共《とも》に赤《あか》い夢《ゆめ》の世界《せかい》へどうぞ。

（島根県・島根県立松江北高等学校・1年生
瀬川流希・会員番号 02664）

風《かぜ》の歌《うた》を聴《き》け

作：村上春樹
絵：佐々木マキ

定価：本体 352 円（税別）
発行年：1982 年 7 月 15 日
出版社：講談社・講談社文庫
ISBN:4-06-131777-6
156 ページ

よんだ　もってる　5段階評価
□　□　1 2 3 4 5

1970年《ねん》の夏《なつ》、海辺《うみべ》の街《まち》に帰省《きせい》した〈僕《ぼく》〉は、友《ゆう》人《じん》の〈鼠《ねずみ》〉とビールを飲《の》み、介抱《かいほう》した女《おんな》の子《こ》と親《した》しくなって、退屈《たいくつ》な時《とき》を送《おく》る。二人《ふたり》それぞれの愛《あい》の退屈《たいくつ》をさりげなく受《う》けとめてやるうちに、〈僕《ぼく》〉の夏《なつ》はものうく、ほろ苦《にが》く過《す》ぎさっていく。青春《せいしゅん》の一片《いっぺん》を乾《かわ》いた軽《けい》快《かい》なタッチで捉《とら》えた出色《しゅっしょく》のデビュー作《さく》。

✣

この本《ほん》というか、村上春樹《むらかみはるき》さんに出会《であ》ったきっかけは、単純《たんじゅん》な話《はなし》で、兄《あに》の薦《すす》めです。なにより読《よ》みやすい文章《ぶんしょう》なため、一日《にち》で読《よ》み終《お》えたことを覚《おぼ》えています。内容《ないよう》にもはまってしまったのでしょう。今《いま》までそれほど多《おお》くの本《ほん》を読《よ》んできたわけではないのですが、こんなに体《からだ》にしっくりくる文章《ぶんしょう》は初《はじ》めてでした。この本《ほん》を薦《すす》めるのは、デビュー作《さく》だからです。村上春樹《むらかみはるき》さんの作品《さくひん》を知《し》っていくうえで、よい足《あし》がかりになると思《おも》います。

（東京都・東京都立武蔵高等学校・1年生
小河原五月・会員番号 01548）

小4まで
小5
小6
中1
中2
中3
高校以上

キューイーディー
QED
六歌仙《ろっかせん》の暗号《あんごう》

作：高田崇史

定価：本体 819 円（税別）
発行年：2003 年 3 月 15 日
出版社：講談社・講談社文庫
ISBN:4-06-273688-8
588 ページ

よんだ	もってる	5段階評価				
		1	2	3	4	5

「七福神《しちふくじん》は呪《のろ》われている。」明邦大学《めいほうだいがく》を震撼《しんかん》させた連続《れんぞく》怪死事件《かいしじけん》以来《いらい》、その研究《けんきゅう》はタブーとなっていた。しかし、棚旗奈々《たなはたなな》の後輩《こうはい》・貴子《たかこ》は兄《あに》の遺志《いし》を継《つ》ぎ、論文《ろんぶん》を完成《かんせい》させようとする。そして新《あら》たな事件《じけん》が!? ご存知《ぞんじ》、桑原崇《くわばらたかし》が歴史《れきし》の闇《やみ》に隠《かく》された「七福神《しちふくじん》」と「六歌仙《ろっかせん》」の謎《なぞ》を解《と》き明《あ》かす。大人気《だいにんき》シリーズ第《だい》2弾《だん》！

✣

いわゆる歴史《れきし》ミステリー。この作品《さくひん》はシリーズ2作目《さくめ》で、他《ほか》の作品《さくひん》もとてもおもしろい。その中《なか》で、なぜとくにこれを推《お》すのか？ それは、受《う》けた衝撃《しょうげき》がいちばん大《おお》きかったからだ。

日本史《にほんし》の中《なか》でもっとものどかだと思《おも》っていた平《へい》安時代《あんじだい》は、実《じつ》はトンデモなくアブナイ時代《じだい》だと知《し》ったとき、授業《じゅぎょう》とは違《ちが》う感慨《かんがい》を受《う》けた。七福神《しちふくじん》の話《はなし》は、しばらくページをめくれないほど驚《おどろ》いた。歴《れき》史《し》の裏舞台《うらぶたい》を垣間見《かいまみ》られる、オススメの一冊《さつ》！

（神奈川県・栄光学園高等学校・1年生
巫朱雀・会員番号 01797）

水《すい》滸《こ》伝《でん》

作：施耐庵
訳：立間祥介
絵：井上洋介

定価：本体 720 円（税別）
発行年：1988 年 2 月 10 日
出版社：講談社・青い鳥文庫
ISBN:4-06-147198-8
322 ページ

よんだ　もってる　5段階評価

よんだ	もってる	1	2	3	4	5

北宋《ほくそう》の時代《じだい》の中国《ちゅうごく》に、人望《じんぼう》あつい指導者《しどうしゃ》宋江《そうこう》のもとに集《あつ》まった108人《にん》の英雄豪傑《えいゆうごうけつ》たち。いれずみ和尚《おしょう》の魯智深《ろちしん》、虎退治《とらたいじ》の武松《ぶしょう》、青面獣《せいめんじゅう》の楊志《ようし》など、いずれも腕自慢《うでじまん》の熱血漢《ねっけつかん》ばかりが、官軍相手《かんぐんあいて》にくりひろげる胸《むね》のすくような活躍《かつやく》。妖術合戦《ようじゅつがっせん》や武器《ぶき》を使《つか》っての戦法合戦《せんぽうがっせん》など、痛快《つうかい》で雄大《ゆうだい》なスケールをもつ中国《ちゅうごく》の歴史小説《れきししょうせつ》。

✣

この話《はなし》を読《よ》むと、「ありがとう！」という気持《きも》ちになります。民《たみ》の弱《よわ》さにつけこんで嫌《いや》がらせをする者《もの》。毎日遊《まいにちあそ》びほうけてろくに仕事《しごと》もしない者《もの》。そんな人々《ひとびと》を次《つぎ》から次《つぎ》へとこらしめていくのです。型破《かたやぶ》りなところはあっても、いつも弱者《じゃくしゃ》の味方《みかた》でいてくれて愉快《ゆかい》なのです。たくさんいる登場人物《とうじょうじんぶつ》も魅力的《みりょくてき》で、口《くち》は悪《わる》いが根《ね》はやさしい、人《ひと》を信《しん》じる心《こころ》を持《も》った者《もの》ばかりです。108人《にん》の仲間《なかま》の中《なか》に、きっとあなたと気《き》の合《あ》う者《もの》がいるはずです。

（北海道・北海道札幌白石高等学校・1年生
岩渕有美子・会員番号02838）

小4まで
小5
小6
中1
中2
中3
高校以上

パスワード謎旅行《なぞりょこう》

—パソコン通信探偵団事件《つうしんたんていだんじけん》ノート4—

作：松原秀行

絵：梶山直美

定価：本体580円（税別）

発行年：1997年12月15日

出版社：講談社・青い鳥文庫

ISBN:4-06-148473-7

290ページ

よんだ　もってる　5段階評価

よんだ	もってる	1	2	3	4	5

東北《とうほく》の夢野市《ゆめのし》に、美人《びじん》のボス・ネロ抜《ぬ》きで、ボクたち5人《にん》の電子探偵団《でんしたんていだん》は3泊4日《ぱくよっか》のミステリー合宿《がっしゅく》に出《で》かけた。この町《まち》はザシキワラシやカッパが出《で》ることで有名《ゆうめい》だったり、謎《なぞ》とき攻《ぜ》めにあう「五つの謎《なぞ》の館《やかた》」があったりで、ミステリアスな町《まち》なんだ。この合宿《がっしゅく》で団《だん》員《いん》の親睦《しんぼく》は深《ふか》まったけど、ど～もボクとみずきの仲《なか》がぎくしゃくしちゃって……？（マコト談《だん》）

✣

旅《たび》のお供《とも》に『パスワード謎旅行《なぞりょこう》』を！　電子探《でんしたん》偵団《ていだん》といっしょにいつもと違《ちが》う地《ち》へ飛《と》びだそう。

マコトのひらめき、飛鳥《あすか》の知識《ちしき》、みずきの持久《じきゅう》力《りょく》、ダイの隠《かく》れた才能《さいのう》、まどかの思《おも》わぬ行動《こうどう》が読《よ》みどころ。5人《にん》はいつものように、事件《じけん》に巻《ま》き込《こ》まれて……って、ケンカしてる場合《ばあい》じゃないよ、マコトにみずき！　楽《たの》しいファンタジーもある冒《ぼう》険《けん》が、不思議《ふしぎ》いっぱいの夢野市《ゆめのし》で、今《いま》、始《はじ》まる！

（ニュージーランド・ACG Senior College of New Zealand・1年生　亀田愛子・会員番号01371）

小4まで
小5
小6
中1
中2
中3
高校以上

地獄堂霊界通信《じごくどうれいかいつうしん》Ⅱ

ワルガキ、最悪《さいあく》の危機《クライシス》

作：香月日輪
絵：前嶋昭人

定価：本体 1000 円（税別）
発行年：2001 年 12 月
出版社：ポプラ社
ISBN:4-591-07026-3
191 ページ

よんだ　もってる　５段階評価

よんだ	もってる	1	2	3	4	5

目的《もくてき》や理由《りゆう》をもって、人々《ひとびと》の日常《にちじょう》をおびやかすあやかしどもがいる。

でも、理由《りゆう》なく、ただ己《おのれ》の欲望《よくぼう》のためだけに罪《つみ》のない人《ひと》を殺《ころ》す殺人鬼《さつじんき》もいる――。

地獄堂史上最悪《じごくどうしじょうさいあく》の恐怖《きょうふ》！　覚悟《かくご》して読《よ》むべし！

✣

てつし、リョーチン、椎名《しいな》の3人《にん》は、その名《な》も高《たか》き「イタズラ大王《だいおう》三人悪《にんあく》」。今時珍《いまどきめずら》しい典型的《てんけいてき》なワルガキである。３人《にん》は不思議《ふしぎ》な力《ちから》を授《さず》けられ、怨霊《おんりょう》や幽霊相手《ゆうれいあいて》に戦《たたか》う。

異世界《いせかい》を生《い》きながら、子《こ》どもらしい清《きよ》らかで純《じゅん》粋《すい》な心《こころ》で、人間《にんげん》の醜《みにく》い部分《ぶぶん》も直視《ちょくし》し、過酷《かこく》な運《うん》命《めい》を背負《せお》って強《つよ》く成長《せいちょう》していく、てつしたち。友《ゆう》情《じょう》の美《うつく》しさ、大切《たいせつ》な人《ひと》がいるという幸《しあわ》せ。自分《じぶん》を、社会《しゃかい》を見《み》つめなおし、本当《ほんとう》に大切《たいせつ》なことを教《おし》えてくれる、感動《かんどう》を与《あた》えてくれる一冊《さつ》。

（滋賀県・滋賀県立虎姫高等学校・2年生
杉田裕紀・会員番号 03472）

ぼくの・稲荷山戦記《いなりやませんき》

作：たつみや章
絵：林静一

定価：本体 1650 円（税別）
発行年：1992 年 7 月 23 日
出版社：講談社
ISBN:4-06-205939-8
374 ページ

よんだ	もってる	5段階評価
□	□	1 2 3 4 5

裏山《うらやま》の稲荷神社《いなりじんじゃ》の巫女《みこ》をつとめるマモルの家《いえ》に、和服《わふく》で長髪《ちょうはつ》、アブラゲ好《ず》きな美少年《びしょうねん》、守山《もりやま》さんがやってきた。開発《かいはつ》から裏山《うらやま》と古墳《こふん》を守《まも》ろうとする守山《もりやま》さんと、マモルはともに行動《こうどう》する。そこで太古《たいこ》から人間《にんげん》を見守《みまも》ってきた存在《そんざい》と運命的《うんめいてき》な出会《であ》いをする。また、守山《もりやま》さんの驚《おどろ》くべき正体《しょうたい》についても、知《し》ることになる。

✣

山《やま》を守《まも》り、自然《しぜん》を守《まも》るってどういうこと？　山《やま》の神様《かみさま》は、山《やま》の開発《かいはつ》で弱《よわ》ってしまった。〝ぼく〟は、守山《もりやま》さんや仲間《なかま》たちと、ミコトさまの山《やま》をお守《まも》りするために戦《たたか》います。

神々《かみがみ》と少年《しょうねん》は、私《わたし》たち読者《どくしゃ》に、忘《わす》れてしまった何《なに》かを教《おし》えてくれます。この本《ほん》を読《よ》んで、私《わたし》たち現代人《げんだいじん》が忘《わす》れてしまった何《なに》かを、取《と》り戻《もど》してみませんか？　たつみや先生《せんせい》が贈《おく》る、日本《にっぽん》のファンタジーです。

（群馬県・群馬県立富岡東高等学校・2年生
霜月暁乃・会員番号 01340）

アイシテル物語《ものがたり》

作：かしわ哲
絵：松井しのぶ

定価：本体 580 円（税別）
発行年：1991 年 6 月 15 日
出版社：講談社・青い鳥文庫
ISBN:4-06-147300-X
254 ページ

よんだ	もってる	5段階評価
□	□	1 2 3 4 5

オサナアソビゴコロ星《ぼし》に住《す》むアイシテルは、元気《げんき》な男《おとこ》の子《こ》。石《いし》ころ型《がた》ロボットのイッシーや、土《つち》の中《なか》でくらすボコボコ、巨大《きょだい》な雲《くも》のモココなど、ゆかいな仲間《なかま》とともに、なぞの人物《じんぶつ》、風博士《かぜはかせ》をたずねる冒険《ぼうけん》へ……！
心《こころ》がポカポカ、からだがフワンとなるような、あったかくて楽《たの》しい書《か》き下《お》ろしファンタジー！

✣

その名《な》のとおり、主人公《しゅじんこう》アイシテルという男《おとこ》の子《こ》が中心《ちゅうしん》の、ほのぼのするお話《はなし》です。やわらかい文章《ぶんしょう》と優《やさ》しい語《かた》りで、一度《いちど》アイシテルの話《はなし》を読《よ》めば、もうあなたはとりこになること間違《まちが》いなし！
小《ちい》さな子《こ》どもでもわかりやすく、読《よ》みやすい、まるで絵本《えほん》のような語《かた》り。でも大人《おとな》だって充分《じゅうぶん》に満足《まんぞく》できる話《はなし》です。登場人物《とうじょうじんぶつ》はみんな魅力的《みりょくてき》。読《よ》み終《お》わったあとの、なんともいえないほのぼのとした気持《きも》ち。味《あじ》わわなきゃ、絶対《ぜったい》ソンですよ！

（広島県・見真学園広島音楽高等学校・3年生
さくらんぼ・ゆき・会員番号 00567）

コロボックル物語《ものがたり》1

だれも知《し》らない小《ちい》さな国《くに》

作：佐藤さとる
絵：村上勉

定価：本体 580 円（税別）
発行年：1980 年 11 月 10 日
出版社：講談社・青い鳥文庫
ISBN:4-06-147032-9
246 ページ

よんだ	もってる	5段階評価
□	□	1 2 3 4 5

こぼしさまの話《はなし》が伝《つた》わる小山《こやま》は、ぼくのたいせつにしている、ひみつの場所《ばしょ》だった。ある夏《なつ》の日《ひ》、ぼくはとうとう見《み》た——小川《おがわ》を流《なが》れていく赤《あか》い運動《うんどう》ぐつの中《なか》で、小指《こゆび》ほどしかない小《ちい》さな人《ひと》たちが、ぼくに向《む》かって、かわいい手《て》をふっているのを！　日本《にっぽん》ではじめての本格的《ほんかくてき》ファンタジーの傑作《けっさく》。

✣

小川《おがわ》が流《なが》れる山《やま》の一角《いっかく》にできた、世界一小《せかいいちちい》さな国《くに》。それはコロボックルという小人《こびと》たちの国《くに》なのです。セイタカさんとトモダチになったコロボックルたちは、独自《どくじ》の生活《せいかつ》を営《いとな》みますが、道路建設《どうろけんせつ》のため山《やま》を削《けず》るということを知《し》り、ピンチに。

小人《こびと》ながらの行動力《こうどうりょく》と知恵《ちえ》のすばらしさで立《た》ち向《む》かう姿《すがた》は、スピードにあふれています。自然《しぜん》と共存《きょうぞん》して生《い》きる彼《かれ》らに学《まな》ぶこともあります。思《おも》わず棚《たな》の陰《かげ》に小人《こびと》を探《さが》してしまうでしょう。

（千葉県・千葉県立千葉高等学校・3年生
米倉有美・会員番号 00538）

ふしぎをのせた アリエル号《ごう》

作：リチャード・ケネディ
訳・絵：中川千尋

定価：本体 3000 円（税別）
発行年：2001 年 9 月 30 日
出版社：徳間書店
ISBN:4-19-861421-0
664 ページ

よんだ　もってる　5段階評価

よんだ	もってる	5段階評価				
□	□	1	2	3	4	5

エイミイとキャプテンは、同《おな》じ日《ひ》に生《う》まれたふたご。でもキャプテンは、エイミイのお父《とう》さんが作《つく》った人形《にんぎょう》だけど。エイミイが10歳《さい》のとき、人形《にんぎょう》のキャプテンが本《ほん》物《もの》の人間《にんげん》になり、エイミイが人形《にんぎょう》になってしまった！海賊《かいぞく》カウルの宝《たから》を探《さが》す冒険《ぼうけん》に出《で》た、ふたりの運命《うんめい》は？

✣

私《わたし》はこの本《ほん》を今《いま》までに3回《かい》読《よ》んでいます。おもしろいのは、読後《どくご》の感想《かんそう》が3回《かい》とも違《ちが》うこと。初《はじ》めて読《よ》んだ小《しょう》4のときは、純粋《じゅんすい》に「楽《たの》しかった！」。つぎの高《こう》3のときは「あれ、こんな話《はなし》だったっけ？」。そして今年《ことし》は「こんな物語《ものがたり》を書《か》ける作者《さくしゃ》さんってすごい！」でした。

題名《だいめい》のとおり、ふしぎがいっぱい詰《つ》まったアリエル号《ごう》に乗《の》って、冒険《ぼうけん》の船旅《ふなたび》に出《で》てみませんか？そして何年《なんねん》かたったら、また読《よ》み返《かえ》して、新《あたら》しい発見《はっけん》の喜《よろこ》びと感動《かんどう》を味《あじ》わってみてください。

（山梨県・都留文科大学・2年生 水無月茜・会員番号 00194）

クレヨン王国《おうこく》の十二か月《げつ》

作：福永令三
絵：三木由記子

定価：本体 580 円（税別）
発行年：1980 年 11 月 10 日
出版社：講談社・青い鳥文庫
ISBN:4-06-147043-4
252 ページ

よんだ　もってる　５段階評価

よんだ	もってる	5段階評価				
□	□	1	2	3	4	5

大《おお》みそかの夜《よる》、ユカが目《め》をさますと、12本《ほん》のクレヨンたちが会議《かいぎ》をひらいていた。クレヨン王国《おうこく》の王さまが、王妃《おうひ》のわるいくせがなおらないうちは帰《かえ》らない、といって行方《ゆくえ》をくらましたのだ。おどろいた王妃《おうひ》は、ユカといっしょに王《おう》さまをさがしもとめて、ふしぎな旅《たび》に出《で》る。

私《わたし》がクレヨン王国《おうこく》に出会《であ》ったのは小《しょう》1のとき。家出《いえで》したゴールデン国王《こくおう》を1年《ねん》のうちに連《つ》れもどさなければ、地球《ちきゅう》は色《いろ》を失《うしな》って死《し》んでしまう！

十二か月《げつ》をめぐる主人公《しゅじんこう》ユカとシルバー王妃《おうひ》の、王さまを探《さが》す旅《たび》をワクワクしながら読《よ》みました。自分《じぶん》もクレヨン王国《おうこく》に行《い》ってみたい、と思《おも》うはずです。この本《ほん》はそのパスポート。何年《なんねん》たっても、魔法《まほう》のクレヨンのように、色《いろ》あせることなく私《わたし》の心《こころ》の中《なか》で、きらきらと輝《かがや》き続《つづ》けています。

（熊本県・大学生・20歳
野田浩美・会員番号 05808）

タイトル	ページ
十二国記　東の海神　西の滄海	27
いちご	47
オレンジ・シティに風ななつ	53
霧のむこうのふしぎな町	56
消えた赤ちゃん救出大作戦！	60
地下室からのふしぎな旅	64
パスワードのおくりもの	70
ひとつの装置	72
おーい　でてこーい	73
亡霊は夜歩く	74
ぼくたちの家出	75
名探偵ホームズ　三年後の生還	76
床下の小人たち	79
あやかし修学旅行　鵺のなく夜	87
いつも心に好奇心！	91
ラッキーチャーム1	112
ルパン対ホームズ	113
赤毛のアン	121
十二国記　月の影　影の海	127
パスワード春夏秋冬（上）	135
不思議を売る男	139
待てばカイロの盗みあり	144
バイバイ　スクール	146
十五少年漂流記	154
七つの封印④　黒い月の魔女	156
ローワンと魔法の地図	159
怪盗クイーンはサーカスがお好き	167
水滸伝	170
だれも知らない小さな国	175
クレヨン王国の十二か月	177

わらえる本

ぼくのつくった魔法のくすり	37
ウォーターボーイズ	48
ご隠居さまは名探偵！	59
そして五人がいなくなる	62

タイトル	ページ
少年名探偵　虹北恭助の冒険	98
透明人間	101
友よ	102
西の善き魔女１　セラフィールドの少女	103
パスワードvs.紅カモメ	104
フレディ　世界でいちばんかしこいハムスター	107
レッドウォール伝説　モスフラワーの森	114
坊っちゃんは名探偵！	116
江戸川乱歩傑作選	122
クレヨン王国新十二か月の旅	125
秘密が見える目の少女	138
魔法使いが落ちてきた夏	145
三人めのアリス	152
扉のむこうの物語	155
レヴィローズの指輪	158
風の歌を聴け	168
パスワード謎旅行	171

なける本

にげ道まよい道おれの道	14
若草物語	80
“It”（それ）と呼ばれた子（幼年期）	90
うしろの正面だあれ	92
タートル・ストーリー	99
HELP!　キレる子どもたちの心の叫び	108
天使のはしご１	131
トラベリング・パンツ	133
トラベリング・パンツ　セカンドサマー	134
ハッピーバースデー	136
ふぶきのあした	141
いちご同盟	165
地獄堂霊界通信Ⅱ　ワルガキ、最悪の危機	172
ぼくの・稲荷山戦記	173

わくわくする本

モモちゃんとアカネちゃん	9
トム=ソーヤーの冒険	10
踊る夜光怪人	11
空中都市008	12
パスワード「謎」ブック	15
ギヤマン壺の謎	24
クレヨン王国12妖怪の結婚式	25

タイトル	ページ
人形は笑わない	68
吾輩は猫である	81
クレヨン王国いちご村	96
ふつうの学校	106
「ミステリーの館」へ、ようこそ	110
MISSING	111
かくれ家は空の上	123
五体不満足	126
ズッコケ三人組のバック・トゥ・ザ・フューチャー	129
ハッピー・ボーイ	137
パスワード龍伝説	160
大きな森の小さな家	166
アイシテル物語	174
ふしぎをのせたアリエル号	176

ためになる本

パスワードは,ひ・み・つ	35
杜子春・トロッコ・魔術	65
アルバートおじさんのミクロの国の冒険	88
バッテリー	105
チョコレート工場の秘密	130
ドッグ・シェルター　犬と少年たちの再出航	132
星の王子さま	142
子どものための哲学対話	151
QED　六歌仙の暗号	169

どきどきする本

そして五人がいなくなる	13
パスワードとホームズ４世	16
怪盗クイーンの優雅な休暇	22
ダレン・シャンⅤ―バンパイアの試練―	31
時を超えるSOS	32
バイバイ スクール	34
ぼくらは月夜に鬼と舞う	38
魔法があるなら	39
オリエント急行殺人事件	52
消える総生島	55
クレヨン王国デパート特別食堂	58
ねらわれた学園	69
パスワード幽霊ツアー	71
海底２万マイル	93
クビキリサイクル　青色サヴァンと戯言遣い	95

キーワード別

タイトル	ページ

かんどうする本

カミングホーム……17
青い天使3……21
キッドナップ・ツアー……23
スターガール……28
セーラー服と機関銃……29
だから、あなたも生きぬいて……30
ホーリースクール……36
モモ……40
air（エア）……50
クリスマス　キャロル……57
少年H……61
空から降ってきた猫のソラ……63
ともだちは海のにおい……66
二十四の瞳……67
盲導犬クイールの一生……77
約束……78
イソップ……89
ガラスのうさぎ……94
十二番目の天使……97
翼をください……100
窓ぎわのトットちゃん……109
私の中に何かがいる……115
教室－6年1組がこわれた日－……124
新シェーラひめのぼうけん　ふたりの王女……128
ふたり……140
星のかけら　PART I……143
シスター・プリンセス　Re Pure セレクション……153
名探偵ホームズ　緋色の研究……157

こわくなる本

ねらわれた街……82

たのしくなる本

ミュージカルスパイス……26
徳利長屋の怪……33
夢のズッコケ修学旅行……41
若おかみは小学生！……42
宇宙人のしゅくだい……49
お局さまは名探偵！……51
鏡の国のアリス……54

作家	タイトル	ページ

【ま】

作家	タイトル	ページ
マーク=トウェーン	トム=ソーヤーの冒険	10
松谷みよ子（まつたに みよこ）	モモちゃんとアカネちゃん	9
松原秀行（まつばら ひでゆき）	パスワード「謎」ブック	15
	パスワードとホームズ4世	16
	パスワードは,ひ・み・つ	35
	オレンジ・シティに風ななつ	53
	パスワードのおくりもの	70
	パスワード幽霊ツアー	71
	いつも心に好奇心！	91
	パスワードvs.紅カモメ	104
	パスワード春夏秋冬（上）	135
	パスワード龍伝説	160
	パスワード謎旅行	171
眉村卓（まゆむら たく）	ねらわれた学園	69
三田誠広（みた まさひろ）	いちご同盟	165
ミヒャエル・エンデ	モモ	40
村上春樹（むらかみ はるき）	風の歌を聴け	168
村山早紀（むらやま さき）	新シェーラひめのぼうけん　ふたりの王女	128
村山由佳（むらやま ゆか）	約束	78
メアリー・ノートン	床下の小人たち	79
モーリス=ルブラン	ルパン対ホームズ	113

【や】

作家	タイトル	ページ
矢口史靖（やぐち しのぶ）	ウォーターボーイズ	48

【ら】

作家	タイトル	ページ
ラッセル・スタナード	アルバートおじさんのミクロの国の冒険	88
リーネ・コーバベル	秘密が見える目の少女	138
リチャード・ケネディ	ふしぎをのせたアリエル号	176
ルイザ=メイ=オルコット	若草物語	80
ルイス=キャロル	鏡の国のアリス	54
ルーシー=モード=モンゴメリー	赤毛のアン	121
令丈ヒロ子（れいじょう ひろこ）	若おかみは小学生！	42
ロアルド・ダール	ぼくのつくった魔法のくすり	37
	チョコレート工場の秘密	130
ローラ=インガルス=ワイルダー	大きな森の小さな家	166

作家	タイトル	ページ
ディートロフ・ライヒェ	フレディ　世界でいちばんかしこいハムスター	107
デイヴ・ペルザー	“It”（それ）と呼ばれた子（幼年期）	90
【な】		
永井均（ながい ひとし）	子どものための哲学対話	151
名木田恵子（なぎた けいこ）	air（エア）	50
	天使のはしご1	131
	星のかけら　PARTⅠ	143
那須正幹（なす まさもと）	夢のズッコケ修学旅行	41
	消えた赤ちゃん救出大作戦！	60
	ズッコケ三人組のバック・トゥ・ザ・フューチャー	129
夏目漱石（なつめ そうせき）	吾輩は猫である	81
西尾維新（にしお いしん）	クビキリサイクル　青色サヴァンと戯言遣い	95
【は】		
浜野卓也（はまの たくや）	ぼくたちの家出	75
はやみねかおる	踊る夜光怪人	11
	そして五人がいなくなる	13,62
	怪盗クイーンの優雅な休暇	22
	ギヤマン壺の謎	24
	徳利長屋の怪	33
	バイバイ　スクール	34,146
	消える総生島	55
	人形は笑わない	68
	亡霊は夜歩く	74
	あやかし修学旅行　鵺のなく夜	87
	いつも心に好奇心！	91
	少年名探偵　虹北恭助の冒険	98
	「ミステリーの館」へ、ようこそ	110
	怪盗クイーンはサーカスがお好き	167
樋口千重子（ひぐち ちえこ）	タートル・ストーリー	99
福永令三（ふくなが れいぞう）	クレヨン王国12妖怪の結婚式	25
	クレヨン王国デパート特別食堂	58
	クレヨン王国いちご村	96
	クレヨン王国新十二か月の旅	125
	クレヨン王国の十二か月	177
藤沢呼宇（ふじさわ こう）	ぼくらは月夜に鬼と舞う	38
ブライアン・ジェイクス	レッドウォール伝説　モスフラワーの森	114
星新一（ほし しんいち）	ひとつの装置	72
	おーい　でてこーい	73
本多孝好（ほんだ たかよし）	MISSING	111

作家	タイトル	ページ
	地下室からのふしぎな旅	64
	かくれ家は空の上	123
公野櫻子（きみの さくらこ）	シスター・プリンセス Re Pure セレクション	153
木村裕一（きむら ゆういち）	ふぶきのあした	141
楠木誠一郎（くすのき せいいちろう）	お局さまは名探偵！	51
	ご隠居さまは名探偵！	59
	坊っちゃんは名探偵！	116
工藤直子（くどう なおこ）	ともだちは海のにおい	66
倉橋燿子（くらはし ようこ）	カミングホーム	17
	青い天使３	21
	ホーリースクール	36
	いちご	47
	ラッキーチャーム１	112
黒柳徹子（くろやなぎ てつこ）	窓ぎわのトットちゃん	109
香月日輪（こうずき ひのわ）	地獄堂霊界通信Ⅱ ワルガキ、最悪の危機	172
小松左京（こまつ さきょう）	空中都市008	12
	宇宙人のしゅくだい	49

【さ】

作家	タイトル	ページ
斉藤栄美（さいとう えみ）	教室－6年1組がこわれた日－	124
佐藤さとる（さとう さとる）	だれも知らない小さな国	175
サン=テグジュペリ	星の王子さま	142
ジェラルディン・マコーリアン	不思議を売る男	139
ジェリー・スピネッリ	スターガール	28
	ハッピー・ボーイ	137
施耐庵（したいあん）	水滸伝	170
ジュール=ベルヌ	海底２万マイル	93
	十五少年漂流記	154
妹尾河童（せのお かっぱ）	少年H	61
蘇部健一（そぶ けんいち）	ふつうの学校	106

【た】

作家	タイトル	ページ
高木敏子（たかぎ としこ）	ガラスのうさぎ	94
タカシトシコ	魔法使いが落ちてきた夏	145
高田崇史（たかだ たかふみ）	QED　六歌仙の暗号	169
高遠砂夜（たかとお さや）	レヴィローズの指輪	158
橘もも（たちばな もも）	翼をください	100
たつみや章（たつみや しょう）	ぼくの・稲荷山戦記	173
田中雅美（たなか まさみ）	三人めのアリス	152
ダレン・シャン	ダレン・シャンⅤ―バンパイアの試練―	31
チャールズ=ディケンズ	クリスマス　キャロル	57
壺井栄（つぼい さかえ）	二十四の瞳	67

作家五十音順

作家	タイトル	ページ
【あ】		
アーサー=コナン=ドイル	名探偵ホームズ　三年後の生還	76
	名探偵ホームズ　緋色の研究	157
青木和雄（あおき かずお）	イソップ	89
	HELP!　キレる子どもたちの心の叫び	108
	ハッピーバースデー	136
赤川次郎（あかがわ じろう）	セーラー服と機関銃	29
	友よ	102
	ふたり	140
	待てばカイロの盗みあり	144
アガサ=クリスティ	オリエント急行殺人事件	52
芥川龍之介（あくたがわ りゅうのすけ）	杜子春・トロッコ・魔術	65
あさのあつこ	時を超えるSOS	32
	ねらわれた街	82
	バッテリー	105
	私の中に何かがいる	115
アレックス・シアラー	魔法があるなら	39
アン・ブラッシェアーズ	トラベリング・パンツ	133
	トラベリング・パンツ　セカンドサマー	134
石黒謙吾（いしぐろ けんご）	盲導犬クイールの一生	77
今井福子（いまい ふくこ）	にげ道まよい道おれの道	14
今泉耕介（いまいずみ こうすけ）	空から降ってきた猫のソラ	63
今西乃子（いまにし のりこ）	ドッグ・シェルター　犬と少年たちの再出航	132
H=G=ウェルズ	透明人間	101
江戸川乱歩（えどがわ らんぽ）	江戸川乱歩傑作選	122
海老名香葉子（えびな かよこ）	うしろの正面だあれ	92
エミリー・ロッダ	ローワンと魔法の地図	159
大平光代（おおひら みつよ）	だから、あなたも生きぬいて	30
岡田淳（おかだ じゅん）	ミュージカル　スパイス	26
	扉のむこうの物語	155
荻原規子（おぎわら のりこ）	西の善き魔女1　セラフィールドの少女	103
オグ・マンディーノ	十二番目の天使	97
乙武洋匡（おとたけ ひろただ）	五体不満足	126
小野不由美（おの ふゆみ）	十二国記　東の海神　西の滄海	27
	十二国記　月の影　影の海	127
【か】		
カイ・マイヤー	七つの封印④　黒い月の魔女	156
角田光代（かくた みつよ）	キッドナップ・ツアー	23
かしわ哲（かしわ てつ）	アイシテル物語	174
柏葉幸子（かしわば さちこ）	霧のむこうのふしぎな町	56

タイトル	ページ	作	絵	訳
HELP! キレる子どもたちの心の叫び	108	青木和雄		
ホーリースクール	36	倉橋燿子	赤羽みちえ	
ぼくたちの家出	75	浜野卓也	堀川真	
ぼくの・稲荷山戦記	173	たつみや章	林静一	
ぼくのつくった魔法のくすり	37	ロアルド・ダール	クェンティン・ブレイク	宮下嶺夫
ぼくらは月夜に鬼と舞う	38	藤沢呼宇	目黒詔子	
星の王子さま	142	サン=テグジュペリ		内藤濯
星のかけら　PART I	143	名木田恵子	三村久美子	
坊っちゃんは名探偵！	116	楠木誠一郎	村田四郎	

【ま】

待てばカイロの盗みあり	144	赤川次郎	灘本唯人	
窓ぎわのトットちゃん	109	黒柳徹子	いわさきちひろ	
魔法があるなら	39	アレックス・シアラー		野津智子
魔法使いが落ちてきた夏	145	タカシトシコ		
「ミステリーの館」へ、ようこそ	110	はやみねかおる	村田四郎	
MISSING	111	本多孝好		
ミュージカル　スパイス	26	岡田淳	岡田淳	
名探偵ホームズ 三年後の生還	76	アーサー=コナン=ドイル	若菜等+Ki	日暮まさみち
名探偵ホームズ 緋色の研究	157	アーサー=コナン=ドイル	若菜等+Ki	日暮まさみち
盲導犬クイールの一生	77	石黒謙吾	秋元良平（写真）	
モモ	40	ミヒャエル・エンデ	ミヒャエル・エンデ	大島かおり
モモちゃんとアカネちゃん	9	松谷みよ子	菊池貞雄	

【や】

約束	78	村山由佳	はまのゆか	
床下の小人たち	79	メアリー・ノートン		林容吉
夢のズッコケ修学旅行	41	那須正幹	前川かずお	

【ら】

ラッキーチャーム1	112	倉橋燿子	佐竹美保	
ルパン対ホームズ	113	モーリス=ルブラン	依光隆	保篠龍緒
レヴィローズの指輪	158	高遠砂夜	起家一子	
レッドウォール伝説　モスフラワーの森	114	ブライアン・ジェイクス	ピート・ライアン	西郷容子
ローワンと魔法の地図	159	エミリー・ロッダ	佐竹美保	さくまゆみこ

【わ】

若おかみは小学生！	42	令丈ヒロ子	亜沙美	
若草物語	80	ルイザ=メイ=オルコット	徳田秀雄	中山知子
吾輩は猫である	81	夏目漱石	村上豊	
私の中に何かがいる	115	あさのあつこ	塚越文雄	

タイトル	ページ	作	絵	訳
時を超えるSOS	32	あさのあつこ	塚越文雄	
杜子春・トロッコ・魔術	65	芥川龍之介	つぼのひでお	
ドッグ・シェルター　犬と少年たちの再出航	132	今西乃子	浜田一男（写真）	
徳利長屋の怪	33	はやみねかおる	村田四郎	
扉のむこうの物語	155	岡田淳	岡田淳	
トム=ソーヤーの冒険	10	マーク=トウェーン	金斗鉉·篠三朗	飯島淳秀
ともだちは海のにおい	66	工藤直子	長新太	
友よ	102	赤川次郎		
トラベリング・パンツ	133	アン·ブラッシェアーズ		大嶌双恵
トラベリング・パンツ　セカンドサマー	134	アン·ブラッシェアーズ		大嶌双恵
【な】				
七つの封印④　黒い月の魔女	156	カイ・マイヤー	山田章博	山崎恒裕
にげ道まよい道おれの道	14	今井福子	ふりやかよこ	
西の善き魔女1 セラフィールドの少女	103	荻原規子	桃川春日子	
二十四の瞳	67	壺井栄	戸井昌造	
人形は笑わない	68	はやみねかおる	村田四郎	
ねらわれた学園	69	眉村卓	緒方剛志	
ねらわれた街	82	あさのあつこ	塚越文雄	
【は】				
バイバイ　スクール	34・146	はやみねかおる	吾妻ひでお	
パスワード春夏秋冬（上）	135	松原秀行	梶山直美	
パスワードとホームズ4世	16	松原秀行	梶山直美	
パスワード龍《ドラゴン》伝説	160	松原秀行	梶山直美	
パスワード謎旅行	171	松原秀行	梶山直美	
パスワードのおくりもの	70	松原秀行	梶山直美	
パスワード「謎」ブック	15	松原秀行	梶山直美	
パスワードは,ひ・み・つ	35	松原秀行	梶山直美	
パスワードvs.紅カモメ	104	松原秀行	梶山直美	
パスワード幽霊ツアー	71	松原秀行	梶山直美	
バッテリー	105	あさのあつこ	佐藤真紀子	
ハッピーバースデー	136	青木和雄	加藤美紀	
ハッピー・ボーイ	137	ジェリー·スピネッリ		千葉茂樹
ひとつの装置	72	星新一	あきやまただし	
秘密が見える目の少女	138	リーネ·コーバベル	横田美晴	木村由利子
不思議を売る男	139	ジェラルディン·マコーリアン	佐竹美保	金原瑞人
ふしぎをのせたアリエル号	176	リチャード·ケネディ	中川千尋	中川千尋
ふたり	140	赤川次郎		
ふつうの学校	106	蘇部健一	羽住都	
ふぶきのあした	141	木村裕一	あべ弘士	
フレディ　世界でいちばんかしこいハムスター	107	ディートロフ·ライヒェ	しまだ·しほ	佐々木田鶴子

タイトル	ページ	作	絵	訳
クビキリサイクル　青色サヴァンと戯言遣い	95	西尾維新	竹	
クリスマス　キャロル	57	チャールズ=ディケンズ	司修	こだまともこ
クレヨン王国いちご村	96	福永令三	三木由記子	
クレヨン王国12妖怪の結婚式	25	福永令三	三木由記子	
クレヨン王国新十二か月の旅	125	福永令三	三木由記子	
クレヨン王国デパート特別食堂	58	福永令三	三木由記子	
クレヨン王国の十二か月	177	福永令三	三木由記子	
ご隠居さまは名探偵！	59	楠木誠一郎	村田四郎	
亡霊《ゴースト》は夜歩く	74	はやみねかおる	村田四郎	
五体不満足	126	乙武洋匡	武田美穂	
子どものための哲学対話	151	永井均	内田かずひろ	

【さ】

タイトル	ページ	作	絵	訳
三人めのアリス	152	田中雅美	竹岡美穂	
地獄堂霊界通信Ⅱ ワルガキ、最悪の危機	172	香月日輪	前嶋昭人	
シスター・プリンセス Re Pure セレクション	153	公野櫻子	天広直人	
十五少年漂流記	154	ジュール=ベルヌ	金斗鉉	那須辰造
十二国記　月の影　影の海	127	小野不由美		
十二国記　東の海神　西の滄海	27	小野不由美		
十二番目の天使	97	オグ・マンディーノ		坂本貢一
少年H	61	妹尾河童		
少年名探偵　虹北恭助の冒険	98	はやみねかおる	やまさきもへじ	
新シェーラひめのぼうけん ふたりの王女	128	村山早紀	佐竹美保	
水滸伝	170	施耐庵	井上洋介	立間祥介
スターガール	28	ジェリー・スピネッリ		千葉茂樹
ズッコケ三人組のバック・トゥ・ザ・フューチャー	129	那須正幹	前川かずお・高橋信也	
セーラー服と機関銃	29	赤川次郎	永田智子	
そして五人がいなくなる	13・62	はやみねかおる	村田四郎	
空から降ってきた猫のソラ	63	今泉耕介		
"It"（それ）と呼ばれた子（幼年期）	90	デイヴ・ペルザー		田栗美奈子

【た】

タイトル	ページ	作	絵	訳
タートル・ストーリー	99	樋口千重子		
だから、あなたも生きぬいて	30	大平光代		
だれも知らない小さな国	175	佐藤さとる	村上勉	
ダレン・シャンⅤ―バンパイアの試練―	31	ダレン・シャン		橋本恵
地下室からのふしぎな旅	64	柏葉幸子	タケカワこう	
チョコレート工場の秘密	130	ロアルド・ダール	ジョセフ・シンデルマン	田村隆一
翼をください	100	橘もも	新井葉月	
天使のはしご1	131	名木田恵子	武田綾子	
透明人間	101	H=G=ウェルズ	高田勲	福島正実 桑沢慧

書名五十音順

タイトル	ページ	作	絵	訳
【あ】				
アイシテル物語	174	かしわ哲	松井しのぶ	
青い天使3	21	倉橋燿子	牧野鈴子	
赤毛のアン	121	ルーシー=モード=モンゴメリー	新井苑子	村岡花子
あやかし修学旅行　鵺のなく夜	87	はやみねかおる	村田四郎	
アルバートおじさんのミクロの国の冒険	88	ラッセル・スタナード	平野恵理子	岡田好恵
イソップ	89	青木和雄	吉川聡子	
いちご	47	倉橋燿子	さべあのま	
いちご同盟	165	三田誠広		
いつも心に好奇心！	91	はやみねかおる 松原秀行	村田四郎 梶山直美	
ウォーターボーイズ	48	矢口史靖	矢口史靖	
うしろの正面だあれ	92	海老名香葉子	千葉督太郎	
宇宙人のしゅくだい	49	小松左京	堤直子	
air（エア）	50	名木田恵子		
江戸川乱歩傑作選	122	江戸川乱歩	西島千春	
おーい　でてこーい	73	星新一	あきやまただし	
大きな森の小さな家	166	L=I=ワイルダー	かみやしん	こだまともこ 渡辺南都子
お局さまは名探偵！	51	楠木誠一郎	村田四郎	
踊る夜光怪人	11	はやみねかおる	村田四郎	
オリエント急行殺人事件	52	アガサ=クリスティ	高松啓二	花上かつみ
オレンジ・シティに風ななつ	53	松原秀行	伊藤正道	
【か】				
海底2万マイル	93	ジュール=ベルヌ	高田勲	加藤まさし
怪盗クイーンの優雅な休暇	22	はやみねかおる	K2商会	
怪盗クイーンはサーカスがお好き	167	はやみねかおる	K2商会	
鏡の国のアリス	54	ルイス=キャロル	J=テニエル	高杉一郎
かくれ家は空の上	123	柏葉幸子	ヒロナガシンイチ	
風の歌を聴け	168	村上春樹	佐々木マキ	
カミングホーム	17	倉橋燿子	いなだ詩穂	
ガラスのうさぎ	94	高木敏子	武部本一郎	
消えた赤ちゃん救出大作戦！	60	那須正幹	関修一	
消える総生島	55	はやみねかおる	村田四郎	
キッドナップ・ツアー	23	角田光代	唐仁原教久	
ギヤマン壺の謎	24	はやみねかおる	村田四郎	
QED　六歌仙の暗号	169	高田崇史		
教室ー6年1組がこわれた日ー	124	斉藤栄美	武田美穂	
霧のむこうのふしぎな町	56	柏葉幸子	竹川功三郎	
空中都市008	12	小松左京	和田誠	

会員募集中《かいいんほしゅうちゅう》

青《あお》い鳥《とり》文庫《ぶんこ》ファンクラブ

会員特典《かいいんとくてん》

- ●メンバーズカード
- ●青《あお》い鳥《とり》・メッセージレター（年《ねん》4回《かい》）
- ●青《あお》い鳥文庫《とりぶんこ》・解説目録《かいせつもくろく》
- ●オリジナル卓上《たくじょう》カレンダー
- ●オリジナル・ポストカード

※上記《じょうき》以外《いがい》にも新刊情報《しんかんじょうほう》／イベント情報《じょうほう》など，
もりだくさん！

◆入会方法《にゅうかいほうほう》

●青《あお》い鳥文庫《とりぶんこ》のカバー（内側《うちがわ》）についている「青《あお》い鳥《とり》マーク」2枚《まい》と，1年間《ねんかん》の郵送料《ゆうそうりょう》として600円分《えんぶん》の切手《きって》を封筒《ふうとう》に入《い》れてお送《おく》りください。あなたの名前《なまえ》とふりがな，郵便番号《ゆうびんばんごう》，住所《じゅうしょ》，電話《でんわ》番号《ばんごう》，年齢《ねんれい》，学年《がくねん》，性別《せいべつ》（男子《だんし》か女子《じょし》か）を必《かなら》ず書《か》いてください。

●あて先《さき》

〒112-8001　講談社児童局
「青い鳥文庫ファンクラブ」事務局あて

例

マークはここ

※切《き》り取《と》り線《せん》のあるもの，ないもの
どちらでもOK《オーケー》! です。

●お問い合わせ先

青い鳥文庫ファンクラブ事務局　TEL 03-5395-3536
FAX 03-3945-1187

講談社 青い鳥文庫　238-1

同級生《どうきゅうせい》が選《えら》んだ
朝《あさ》の読書《どくしょ》のおすすめガイド

青い鳥文庫ファンクラブ／編

2004年3月15日　第1刷発行

（定価はカバーに表示してあります。）

発行者　野間佐和子

発行所　株式会社講談社

東京都文京区音羽2-12-21　郵便番号112-8001

電話　出版部　03-5395-3536
販売部　03-5395-3625
業務部　03-5395-3615

N.D.C.913　190p　18cm

装　丁　久住和代

印　刷　図書印刷株式会社

製　本　図書印刷株式会社

本文データ作成　脇田明日香

ISBN4-06-148645-4

（落丁本・乱丁本は，購入書店名を明記のうえ，講談社書籍業務部
あてにお送りください。送料小社負担にておとりかえします。）

■この本についてのお問い合わせは，講談社児童局
「青い鳥文庫」係にご連絡ください。

「講談社《こうだんしゃ》 青《あお》い鳥文庫《とりぶんこ》」刊行《かんこう》のことば

太陽《たいよう》と水《みず》と土《つち》のめぐみをうけて、葉《は》をしげらせ、花《はな》をさかせ、実《み》をむすんでいる森《もり》。小《こ》鳥《とり》や、けものや、こん虫《ちゅう》たちが、春《はる》・夏《なつ》・秋《あき》・冬《ふゆ》の生活《せいかつ》のリズムに合《あ》わせてくらしている森《もり》。森《もり》には、かぎりない自然《しぜん》の力《ちから》と、いのちのかがやきがあります。本《ほん》の世界《せかい》も森《もり》と同《おな》じです。そこには、人間《にんげん》の理想《りそう》や知恵《ちえ》、夢《ゆめ》や楽《たの》しさがいっぱいつまっています。

本《ほん》の森《もり》をおとずれると、チルチルとミチルが「青《あお》い鳥《とり》」を追《お》い求《もと》めた旅《たび》で、さまざまな体験《たいけん》を得《え》たように、みなさんも思《おも》いがけないすばらしい世界《せかい》にめぐりあえて、心《こころ》をゆたかにするにちがいありません。

「講談社《こうだんしゃ》 青《あお》い鳥文庫《とりぶんこ》」は、七十年《ねん》の歴史《れきし》を持《も》つ講談社《こうだんしゃ》が、一人《ひとり》でも多《おお》くの人《ひと》のために、すぐれた作品《さくひん》をよりすぐり、安《やす》い定価《ていか》でおおくりする本《ほん》の森《もり》です。その一さつ一さつが、みなさんにとって、青《あお》い鳥《とり》であることをいのって出版《しゅっぱん》していきます。この森《もり》が美《うつく》しいみどりの葉《は》をしげらせ、あざやかな花《はな》を開《ひら》き、明日《あす》をになうみなさんの心《こころ》のふるさととして、大《おお》きく育《そだ》つよう、応援《おうえん》を願《ねが》っています。

昭和《しょうわ》五十五年《ねん》十一月《がつ》

講　談　社